메이킹북

한 장의 종이로 만드는 팝업북 31가지

옮긴이 김현숙
서울에서 태어났으며, 이화여대 국문학과 및 대학원을 졸업하였다.
그 후 출판 기획과 아동물 편집자로 활동하며 많은 책을 만들어왔다.
현재는 책과 관련된 도서의 번역 및 집필에 종사하고 있다.

메이킹북 MAKING BOOKS
- 한 장의 종이로 만드는 팝업북 31가지

초판 1쇄 발행일	2001년 8월 17일
초판 22쇄 발행일	2018년 7월 25일

지은이	폴 존슨
옮긴이	김현숙
펴낸이	권성자
펴낸곳	아이북

주 소	04016 서울 마포구 희우정로 13길 10-10, 1F 도서출판 아이북
전화번호	02-338-7813~7814
팩시밀리	02)6455-5994
e-mail	ibookpub@naver.com
출판등록	등록번호 10-1953호 등록일자 2000년 4월 18일

ISBN 89-951398-7-0 13610

값 12,000원

*잘못된 책은 교환해드립니다.

MAKING BOOKS
by Paul Johnson
Original English edition was published by A&C Black Limited
Korean translation edition ⓒ ibook publishing company 2001
This Korean edition was published by arrangement with
A&C Black Limited c/o Paul Johnson
through Best Literary & Rights Agency, Korea.
All right reserved

이 책의 한국어판 저작권은 베스트 에이전시를 통한
A&C Black c/o Paul Johnson과의 독점 계약으로
한국어 판권을 도서출판 아이북이 소유합니다.
이 책은 신저작권법에 따라 한국에서 보호되는 저작물이므로
저작권자의 서면 허락 없이 게재, 복사, 전파, 전산 장치에 저장할 수 없습니다.

메이킹북

한 장의 종이로 만드는 팝업북 31가지

폴 존슨 지음 | 김현숙 옮김

아이북

CONTENTS • 차례

이 책에 대하여 / 김명순 · 이호백
지은이의 말 / 폴 존슨

책만들기는 어떻게 진행될까요?
책만들기는 왜 좋을까요?
기본책을 접어볼까요?
책을 만들 때는 이렇게!
이런 점을 살펴보세요!
이렇게 하면 훨씬 잘 만들 수 있어요!

1 ·	장난감 이야기 1 TOY STORIES Ⅰ	16
2 ·	장난감 이야기 2 TOY STORIES Ⅱ	17
3 ·	팝업 상자책 POP-UP BOX BOOK	18
4 ·	다양한 모양의 팝업 책 MORE POP-UP SHAPES	20
5 ·	팝업 얼굴책 POP-UP FACE BOOK	22
6 ·	팔랑팔랑 나비 카드 POP-UP BUTTERFLY CARD	24
7 ·	나비책 BUTTERFLY BOOK	25
8 ·	빙글빙글 회전책 DAY-AND-NIGHT BOOK	26
9 ·	솟아오르는 책 STAND-UP POP-UPS	28
10 ·	회전목마책 CAROUSEL BOOK	30
11 ·	팝업 무대책 POP-UP THEATRE BOOK	32
12 ·	동물 이야기를 담은 액자책 ANIMALS IN THE FRAME	34
13 ·	'다음엔 어떤 일이?' 이야기책 'WHAT NEXT' BOOK	36
14 ·	지그재그책 PAGE-AT-A-TIME BOOK	38
15 ·	출판기념회 초대장 INVITATION CARD	39
16 ·	시집 상자 POETRY FOLDER	40
17 ·	여행 정보를 담은 팜플렛 HOLIDAY BROCHURE	42
18 ·	초상화책 PORTRAIT BOOK	44
19 ·	배 모양의 팝업 책 POP-UP SHIP BOOK	46
20 ·	배 모양의 광고지 POP-UP SHIP LEAFLET	48
21 ·	날개형 광고지 LIFT-THE-FLAP LEAFLET	49
22 ·	나만의 비밀 일기장 DIARY	50

23 · 여행 가방책 SUITCASE BOOK		52
24 · 장난감 가게책 TOYSHOP BOOK		53
25 · 비밀의 문 책 THROUGH-THE-DOOR BOOK		54
26 · 재미있는 취미책 1 HOBBY BOOK Ⅰ		56
27 · 아코디언 모양의 극장책 SPECIAL CONCERTINA BOOK		58
28 · 재미있는 취미책 2 HOBBY BOOK Ⅱ		60
29 · 취미책을 홍보하는 광고지 HOBBY BOOK FLYER		61
30 · 2차 세계대전 책 WORLD WAR Ⅱ BOOK		62
31 · 모든 작업을 스스로 척척 ALL MY OWN WORK		67

옮긴이의 말 / 김현숙

책만들기를 끝내고 나서

직접 만들어 보세요!

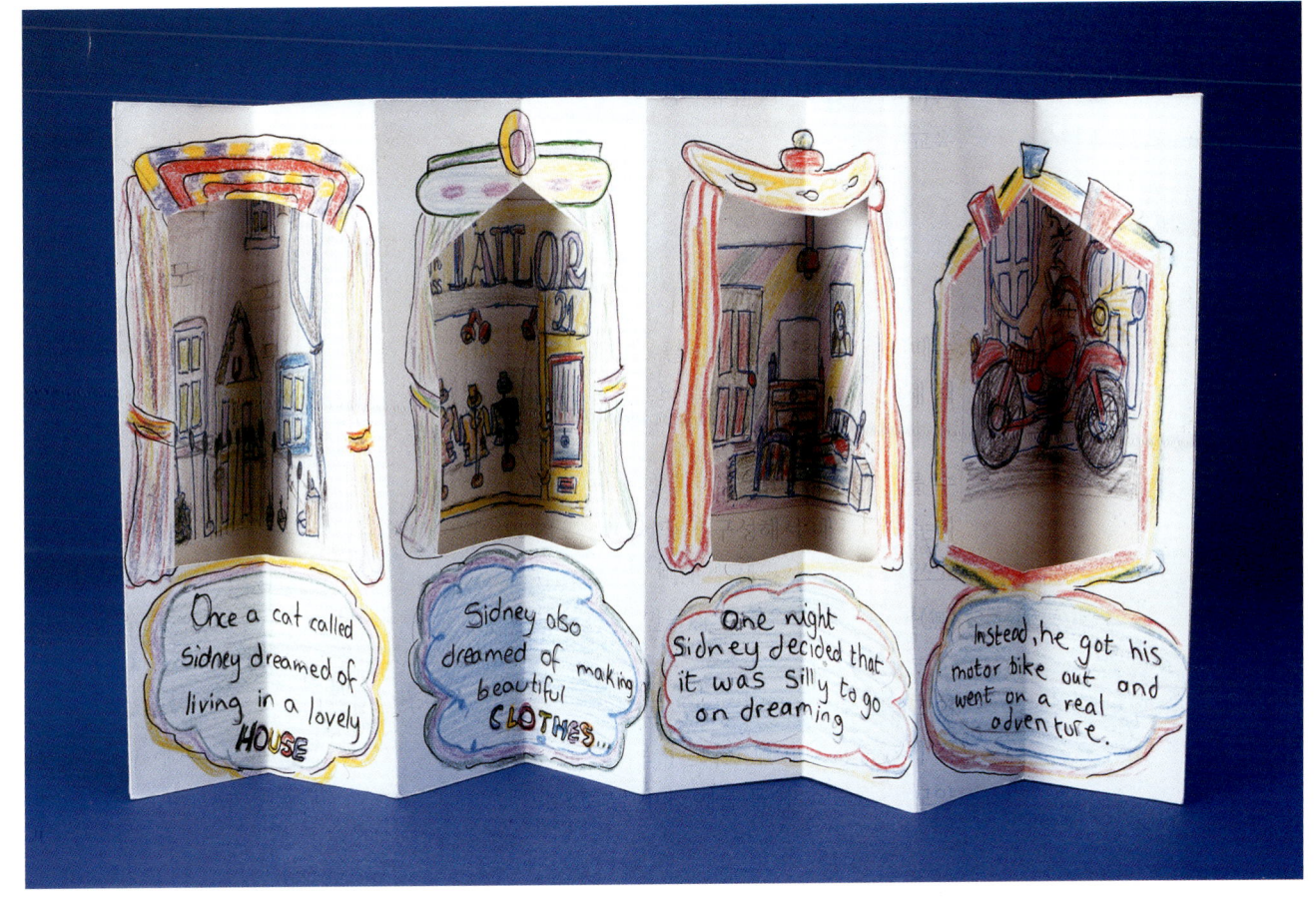

이 책에 대하여

책만들기는 아동의 언어 학습에서 가장 추천되는 활동

김명순(연세대학교 아동학과 교수)

읽기와 쓰기는 주관적인 의미 구성 활동이다. 나만의 책을 만드는 활동은 아동이 지금까지 배웠던 정해진 기호(철자)들을 사용하여 자신이 알고 있는 법칙에 따라 언어를 써보고, 의미 있는 내용만 추려서 나만의 독특한 방식으로 조직해 보는 긴 과정이다. 따라서 아동의 언어 학습에서 책만들기는 가장 추천되는 활동 방법 중 하나로 꼽힌다.

또한 구어(口語)와 문어(文語)는 동시에 발달하는데 책만들기를 하면서 이 두 가지를 동시에 사용할 수 있다는 점, 만드는 재미가 있기 때문에 학습에서 가장 중요한 아동의 흥미를 지속할 수 있다는 점이 책만들기 활동의 장점이다. 글을 읽을 때 우리는 본문과 끊임없이 상호작용하며 저자가 쓴 의미를 파악하려 애쓴다. 내가 쓴 글일 경우에는 그 쓰여진 본문과 읽는 독자인 나와의 상호교류가 밀접하게 이루어짐은 두말 할 필요가 없다. 이것 또한 책만들기 활동의 중요한 장점이 된다.

책을 만들면서 아동은 자신이 표현하고 싶은 것, 자신이 해석하고 있는 것, 대화하고 싶은 것들을 진실한 마음으로 쓴다. 아동들은 폼만 잡고 있는 흥미 없는 교재의 독자가 아니라, 즐거움과 정보를 제공하는 진정한 책의 저자가 된다. 그래서 나의 책을 만들 때 유치원 아동이나 초등학생 너나 할것없이 반짝반짝 눈이 빛나고 아이디어가 쏟아져나오며, 장시간의 활동도 개의치 않는다. 아동들 내부에 있는 흥미란 놈이 강한 힘을 발휘하고 있다는 증거이다.

문자를 사용해 세상에 있는 지식과 정보를 저장한 것이 바로 책이다. 그래서 읽기와 쓰기를 가르치는 책을 주고 문어를 학습하도록 한다. 그러나 거꾸로 책을 만들면서 아동들은 읽기와 쓰기를 배우고 세상에서 가장 의미 있는 내용만을 골라 책 속에 저장해놓는다.

여러 가지 책만들기가 담겨 있는 『메이킹북』이란 책을 번역한다는 말을 듣고 무척 반가웠다. 왜냐하면 가정이나 유치원, 초등학교, 소집단, 그리고 아동이 언어를 배우고 있는 곳 어디에서나 책만들기가 중요한 활동으로서 자리잡기를 언어교육자로서 바라기 때문이다. 백 가지 좋은 정보를 알고 있는 것보다 한 가지라도 아동을 위해 실천하는 것이 중요하다. 책만들기를 통해 모든 아동들이 진실한 저자가 되어보는 소중한 기회를 갖게 되길 바란다. 아동이 만든 책을 소리내어 읽어나갈 때 마음을 다해 들어주고 격려해주는 어른들이 우리 주위에 수없이 많이 생겨나길 바라는 마음 간절하다.

누구나 즐길 수 있는 행복한 작업으로서의 책만들기

이호백(도서출판 재미마주 대표 · 그림책 기획자)

요즈음같이 아이들이 즐길 것이 많은 세상에서 한 권의 책은 과연 어떤 의미를 지닐까? 혹시 있어도 그만, 없어도 그만인 게 책이 아닐까? 이 책은 이런 의구심을 전혀 다른 각도에서 명쾌하게 풀어주고 있다.

책은 누군가가 만들어주는 상품으로서만 존재하는 것이 아니라, 바로 누구나 만들고 즐길 수 있는 개인적인 작업이라는 사실이다. 아이들이 직접 종이를 자르고 가위로 오리고 풀로 붙이고 그림을 그려서 한 권의 책을 만든다는 것은 바로 책의 본질을 터득하는 것과 같고 우리가 막연하게 느끼는 책의 신화적인 완성을 스스로 느끼는 과정이 된다.

한 권의 책을 구상하고 직접 손으로 만들어보는 일에 즐거움을 느낄 수 있도록 교사나 부모를 도와주는 책이 이제껏 없었다는 점에서 이 책의 의미는 더욱 값지다.

지은이의 말

제가 아이들과 함께 책을 만들어온 지도 어언 15년 이상의 세월이 흘렀습니다. 이 책은 바로 그 세월에 대한 축복입니다. 저는 연구의 한 부분으로 아이들이 책 형태로 만든 작품들과, 책과는 별개로 완성한 글과 그림 작품들을 서로 비교해보았습니다. 그 결과, 다른 어떤 형태의 글쓰기보다도 책을 만드는 과정에서 글을 썼을 때 훨씬 더 훌륭한 글이 탄생한다는 사실을 확인할 수 있었습니다. 아이들은 책 속에 그림이 들어가느냐 그렇지 않느냐에 따라, 또 책의 크기와 방향에 따라서도 글의 내용이 다르게 구성된다는 것을 배웠습니다.

내 손으로 나만의 책을 만들었다는 성취감과 주인의식은 정말이지 놀라울 정도였습니다. 아이들은 너나없이 "언제 내가 만든 책을 집으로 가져갈 수 있나요?"라고 계속 물어왔습니다. 한 꼬마 숙녀는 자기 작품을 좀더 멋지게 꾸며야 한다면서 모둠책 속에 끼여 있던 자신의 작품을 돌려달라고 고집을 피웠습니다. 부모님들도 비슷한 요구를 해오셨지요. 그저 연습용으로 만들었던 책에 대해 이런 반응이 나올 줄이야 누가 상상이나 했겠습니까?

그 동안 완성했던 작품들을 모두 자세히 살펴보려면 아마 지금보다 몇 배는 더 큰 책이 필요할 것입니다. 결국 여기서는 종이를 접고 가위로 오리는 등 간단하고 기초적인 기술을 사용해 책을 만들 수 있는 방법에만 초점을 맞출 수밖에 없었습니다. 책을 만들 때 이용되는 글쓰기, 디자인, 그림그리기의 방법들은 여기서 소개되고 있는 것말고도 얼마든지 다양하게 변화시킬 수 있습니다. 저는 이 책을 읽는 독자들을 위해서, 또 아이들을 위해서 책을 만들 때 꼭 필요한 기본적인 방법만을 정리하여 소개해놓았습니다. 따라서 여러분은 테마에 따라 여러 가지 책의 유형을 서로 섞어보거나, 혹은 새로운 형태로 바꿔볼 수 있습니다. 그리고 교실이나 집 등 장소에 따라서도 각기 다른 아이디어를 적용시킬 수 있다는 점을 기억하시기 바랍니다.

바라건대, 교사와 부모님 그리고 아이들이 이 책에 소개되어 있는 여러 가지 책을 직접 만들어보면서 책만들기가 얼마나 재미있고 흥미로운 작업인지를 발견했으면 합니다. 또한 훌륭한 글쓰기를 하는 데 좋은 자극제가 되길 진심으로 기원하는 바입니다.

폴 존슨

크리스토퍼(6세)가 만든 나비 카드

책만들기는 어떻게 진행될까요?

이 책에 소개되어 있는 책만들기 작업은 아이들이 여러 가지 공부를 해나가는 과정에서 글을 읽고 쓰는 능력을 기를 수 있도록 하는 데 그 목적이 있습니다. 여기서는 동화나 옛날이야기 같은 픽션 장르를 비롯해 과학이나 역사적인 사실 같은 논픽션 장르까지 모두 포괄하고 있습니다. 픽션과 논픽션은 단어나 문장, 주제의 측면에서 제각기 서로 다른 기술을 필요로 합니다. 아이들은 다른 과목들을 배울 때 이러한 읽고 쓰는 능력을 활용하게 될 것입니다. 또 교사들은 과학이나 역사, 지리 같은 과목을 가르칠 때 읽기와 쓰기, 그림그리기, 디자인 기법 등을 접목해서 사용할 수 있을 것입니다.

작품 이름	적용되는 범위	작업을 해나가는 데 필요한 요소들
1 장난감 이야기 1 2 장난감 이야기 2 4 다양한 모양의 팝업 책 5 팝업 얼굴책	· 예측 가능한 구조를 가진 이야기와 친숙한 배경으로 이루어진 이야기를 소재로 한다.	· 그림책을 정해 먼저 이야기를 들려준다. · 하나의 주제를 가지고 일관성 있게 글을 쓴다는 게 무엇인지 이해시킨다. · 글쓰기(문자적인 언어)와 그리기(시각적인 언어)가 어떻게 다른지 구분해본다. · 무엇을 쓸 것인지 생각하며 계획한 후 이야기를 나눈다. · 흔히 사용하는 문장으로 간단한 그림책을 만든다. · 표지를 완성하면서 '표지, 지은이, 제목, 레이아웃'과 같은 책과 관련된 용어를 알려준다. · 등장 인물들을 간단히 소개해본다. · 글을 쓰면서 시간에 관한 단어(언제, 갑자기, 그리고 나서 등)를 사용하게 한다. · 간단히 소개한 등장 인물 가운데 한 명을 택하여 구체적인 특징을 묘사해본다.
3 팝업 상자책 9 솟아오르는 책	· 친숙한 배경의 이야기나 시를 소재로 한다. · 다른 나라, 다른 문화권에서 전해내려오는 이야기나 시를 이용한다. · 재미있고 익살스런 이야기나 시를 꾸밀 때 좋다.	· 이야기의 배경에 대해 토론한다. · 책을 쓰고 출판을 한다는 것이 무엇인지 알려준다. · 자기가 쓴 글을 읽고 난 후 이야기를 구성해본다. · 좋아하는 시를 모아 읽어보고 상상력을 발휘한다. · 재미있고 익살스런 이야기와 시를 모은다. · 글쓰기를 위한 기초로 시의 구조를 활용한다.
6 팔랑팔랑 나비 카드 7 나비책 8 빙글빙글 회전책 10 회전목마책	· 정보가 담긴 책을 꾸밀 때 좋다.	· 실제로 일어난 이야기를 쓰는 것과 꾸며낸 이야기를 쓰는 것의 차이를 알아본다(픽션과 논픽션의 차이를 알아본다). · 연대순으로 구성되지 않은 보고문을 작성해본다.
11 팝업 무대책	· 연극의 극본을 쓸 때 사용한다	· 드라마 속에 나오는 여러 가지 목소리가 서로 어떻게 다른지, 그 차이점을 알아본다. · 극본과 산문이 어떻게 다른지 구분한다. · 대화체 문장을 써본다.
12 동물 이야기를 담은 액자책 13 '다음엔 어떤 일이?' 이야기책	· 동화나 옛날이야기를 꾸밀 때 사용한다. · 주요 등장 인물들을 살펴보고 이야기를 나눈다.	· 동화 작가들이 쓴 책을 읽은 후 그 이야기의 중심 테마가 무엇인지 알아본다. · 등장 인물의 특징에 대해 묘사해본다. · 이야기의 후속편을 만들어본다.

작품 이름	적용되는 범위	작업을 해나가는 데 필요한 요소들
14 지그재그책	· 모험담이나 옛날이야기를 꾸밀 때 좋다.	· 이야기를 구성할 때 중요한 요소들을 정리한다. · 중요한 사건에 대해 묘사하고, 그것을 시간의 흐름에 따라 배열해본다. · 이야기에 나오는 중요한 요소들을 차례대로 다시 말해본다. · 잘 알려져 있는 이야기를 바탕으로 하여 새롭게 구성한다.
15 출판기념회 초대장 17 여행 정보를 담은 팜플렛 20 배 모양의 광고지	· 홍보나 광고를 위해 설득하는 내용을 담을 때 사용한다.	· 전달하고자 하는 내용을 요약한다. · 샘플 광고지를 통해 광고 문구나 디자인의 특성을 잘 살펴본 후, 그것을 이용해 광고지를 만든다. · 광고를 보는 사람들이 누구인지, 그리고 광고를 하는 목적과 그 배경을 생각해보게 한다.
16 시집 상자	· 주제가 있는 시를 써본다.	· 비슷한 주제로 쓰인 시들을 서로 비교한다. · 경험한 것을 바탕으로 시를 써본다.
18 초상화책	· 단편 소설을 쓸 때 사용한다.	· 등장 인물에 대해 자세히 묘사해보도록 한다.
19 배 모양의 팝업 책 28 재미있는 취미책 2	· 정보가 담긴 그림책을 만들 때 사용한다. · 그림과 도표를 이용해 보고서를 만들어보면 좋다. · 실용서를 꾸밀 때 사용한다.	· 실용서의 특징에 대해 알아본다 : 차례, 구조, 용어, 형식, 레이아웃, 목적 등 · 보고서를 써본다. · 자료를 수집하고 분석한다(자료 검토, 정보 수집, 노트 작성 등). · 그림과 도표를 사용하여 작성된 텍스트를 발표해본다.
21 날개형 광고지 27 아코디언 모양의 극장책	· 광고지를 만들 때 사용한다. · 설득하는 내용을 쓸 때 사용한다.	· 시선을 끄는 광고 문구를 수집하고 분석한다. · 견해가 다른 사람을 설득할 수 있는 글을 써본다.
22 나만의 비밀 일기장	· 일기를 쓸 때 사용한다.	· 1인칭으로 쓴 글과 3인칭으로 쓴 글의 차이점을 알아본다. · 1인칭으로 글을 써본다.
23 여행 가방책	· 하나의 사건에 대해 자세히 설명할 때 사용한다.	· 설명문의 주된 특징을 알아본다. · 사회적인 문제나 개인적인 경험을 설명문으로 써본다.
24 장난감 가게책 25 비밀의 문 책	· 인기 있는 동화 작가들의 작품을 소재로 한다.	· 이야기의 첫 시작이 인상적인 작품은 어떤 특징을 갖고 있는지 분석하고, 이야기의 첫머리를 다른 방법으로 시작해본다. · 이야기의 구조와 사건의 전개가 잘 갖춰진 글을 세밀하게 계획한다.
26 재미있는 취미책 1	· 교육적인 글과 정보가 담긴 책을 꾸며본다.	· 개인적인 경험을 바탕으로 교육적인 내용의 글을 써보게 한다.
29 취미책을 홍보하는 광고지 30 2차 세계대전 책	· 실용서와 참고 서적을 꾸미는 데 좋다.	· 표지에 광고 문구로 쓸 내용을 뽑아내어 글로 써보게 한다.
31 모든 작업을 스스로 척척	· 경험한 사실을 자세히 설명하는 관찰문을 쓸 때 사용한다. · 신문, 잡지 형식으로 글을 써본다.	· 실용서의 특징을 이해한다. · 신문, 잡지에 쓰는 글이 어떻게 다른지 알려주고, 직접 써보게 한다.

책만들기는 왜 좋을까요?

요즘 나오는 훌륭한 아동 도서들은 대부분 디자인 감각이 아주 뛰어납니다. 또 상상력이 넘치는 내용으로 채워져 있고, 앞으로 튀어나오는 팝업 장치와 손으로 잡아당기면 나타났다 사라졌다 하는 등의 다양한 아이템들로 구성되어 있습니다. 하지만 그런 화려한 기교만으로 아이들의 읽기와 쓰기 능력 사이의 간격을 좁힐 수 있을까요? '책만들기'는 아이들(다섯 살짜리 어린 꼬마들까지)이 어떻게 단어와 이미지, 그리고 종이 공작을 하나로 결합하여 즐겁게 책을 만들 수 있는지를 보여줌으로써 그러한 목적을 달성할 수 있게끔 설계되었습니다.

여기선 주로 상상력을 발휘해 나름대로 이야기를 꾸며보는 것에 좀더 주안점을 두고 있긴 하지만, 그와 함께 설명적이고 분석적인 글쓰기도 다루고 있습니다. 또 동시 쓰기와 역사 글쓰기, 안내 책자와 광고지, 초대장 같은 다양한 형태의 글쓰기도 들어 있지요.

교사들은 여기에 소개된 책만들기 아이디어 중에서 적당한 것을 골라 교과 과정에 맞춰 적용시켜야 할 것입니다. 책만들기 방법은 경우에 따라 얼마든지 다양하게 활용될 수 있으며, 또 다섯 살짜리 꼬마들을 위해 고안된 작품이라고 해서 초등학교 고학년들이 만들지 말란 법은 없지요.

이 책은 이렇게 구성되었어요!

이 책은 그 동안 제가 아이들에게 책만들기를 가르쳐온 순서대로 구성되었습니다. 처음엔 아주 어린 친구들과 함께 작업을 시작했다가 나중엔 고학년 아이들과 끝내게 되었는데, 그것이 자연스럽게 연령별 구성으로 이어진 것입니다. 하지만 여러분이 아이들과 같이 책을 만들 때는 순서에 상관없이 마음에 드는 것부터 만들어도 좋습니다. 그래도 처음 시작할 때는 단순한 유형의 작품을 몇 가지 만들어보도록 하세요. 책만들기에 필요한 기술을 조금씩 차근차근 익혀나가는 데 도움이 될 것입니다. 또 나중에 솜씨가 꽤 좋아지면 옛날에 만들었던 책을 다시 들춰보면서 자신의 실력이 많이 향상되었다는 것도 깨달을 수 있겠지요.

어린 작가들은 처음엔 책에다 직접 글을 쓰려고 할 것입니다. 하지만 아이들은 차츰 기초 작업으로서 초고를 쓴 다음에 문법과 맞춤법, 또 글의 정확성을 점검하면서 고쳐 쓸 수 있을 것입니다. 책을 만들면서 아이들은 글 속에 놓여지는 그림과 도표의 가치를 알게 되고, 아울러 독자의 입장에서 자신의 글을 비판적으로 볼 수 있는 안목도 갖춰나갈 것입니다.

『고양이와 용』이라는 제목으로 만든 사라(6세)의 작품

이 책의 구체적인 짜임새

책만들기 작업이 어떻게 이루어지는지 손쉽게 이해할 수 있도록 다음과 같이 정리했습니다.

5-6세 책의 유형에 따라 수준에 맞춰 알맞은 연령대를 제시하고 있습니다. 하지만 만드는 방법이 간단한 책이라도 수준이 높은 다른 테마와 결합시키면 고학년 아이들에게도 얼마든지 적용시킬 수 있습니다. 마찬가지로, 나이 어린 아이들이 복잡한 유형의 책을 만들 때는 옆에서 조금만 더 도와주면 충분히 만들 수 있을 것입니다.

목표: 책의 유형과 작업의 주제를 보여줍니다.

준비 활동: 내가 아이들과 함께 작업을 해나가는 과정에서 아이들이 맡은 부분과 내가 맡은 부분을 자세히 설명해 놓았습니다(때때로 내가 사전에 더 많이 준비한 경우가 있는데, 이것은 아이들의 능력이 부족해서가 아니라 작업 시간을 좀더 빨리 하려고 했기 때문입니다).

이렇게 활동하세요: 아이들과 책만들기 작업을 할 때 어떻게 내용을 기획하고 구성하면 좋을지, 또 각각의 책 유형을 어떻게 활용할 수 있을지에 관해 다양한 아이디어를 제시했습니다.

이렇게 만들어보세요: 처음 책을 만들어보는 사람도 손쉽게 따라할 수 있도록 자세한 그림과 함께 책 만드는 순서를 단계별로 설명했습니다.

아이디어 몇 가지 더!: 책의 형태를 좀더 다양하게 발전시키거나 새롭게 바꿔볼 수 있도록 여러 가지 아이디어를 제시했습니다.

아이들이 좀더 훌륭한 책을 만들어낼 수 있도록 경우에 따라 간단한 종이공작 방법이나 디자인 정보를 함께 실어놓았습니다.

기본책을 접어볼까요?

아이들이 책을 만들기 시작할 때는 순서대로 차근차근 접으라고 얘기해주세요. 책을 만들기에 앞서 우선 광고우편물이나 복사지 등 폐휴지를 가지고 연습해보는 것이 좋습니다.

풍경화 초상화

종이 한 장을 준비해서 풍경화처럼 가로로 벽에 갖다댄 후, 아이들로 하여금 여러분이 하는 동작대로 똑같이 따라하도록 하세요. 그리고 한 단계씩 접으면서 어떻게 해야 하는지 자세히 설명해주세요.

❶ 종이의 왼쪽 끝을 오른쪽 끝에다 맞추되, 모서리가 일치하도록 주의하세요.
❷ 왼손으로 종이의 끝을 누르고 있으세요.
❸ 이번엔 오른손을 왼손 옆에다 갖다놓고 종이가 접히는 부분을 오른손으로 부드럽게 밀어주세요.
❹ 손으로 종이를 눌러 평평하게 만드세요. 그런 다음 종이의 위쪽에서부터 아래쪽으로 쭉 훑어내리면서 전체적으로 평평하게 만듭니다. 이제 종이가 정확히 반으로 접혔을 것입니다 (왼손잡이 아이들을 위해서도 그들이 잘 이해할 수 있게끔 자세히 설명해주세요).

'아코디언 책'을 만드는 방법

종이를 가로로 펼쳐놓은 후, 왼쪽 끝을 오른쪽 끝에 맞춰 접었다가 다시 펼치세요.

종이의 양쪽 끝을 한가운데 있는 중심선에 맞춰 접었다가 다시 펼치세요.

이제 종이에는 수직으로 4개의 면이 생겼을 것입니다.

이번엔 종이를 가로로 2등분해서 접으세요.

그림과 같이 접어놓은 선을 따라 지그재그 형태로 종이를 접으세요.

'기본책'을 만드는 방법

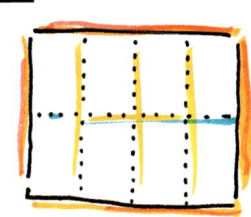
'아코디언 책'을 만드는 방법 중에서 ❹단계까지 똑같이 따라하세요. 그런 다음 종이 전체를 펼치면 그림과 같이 8개의 면이 만들어질 것입니다.

종이 전체를 세로로 2등분해서 반 접은 후, 접힌 쪽에서부터 중심선을 따라 한 면만 가위로 오리세요.

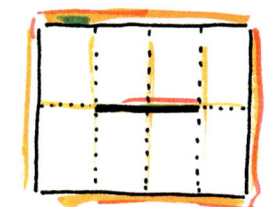
그런 다음 종이를 다시 펼치면 한가운데에 가위로 오린 선이 나타날 것입니다.

이번엔 종이를 가로로 2등분해서 아래쪽으로 내려 접으세요.

손으로 양쪽 끝을 잡은 채 중심점을 향해 안으로 밀어넣으세요. 이렇게 하면 종이의 가운뎃부분에 공간이 생길 것입니다.

종이 전체가 십자 모양이 될 때까지 계속해서 중심점을 향해 밀어주세요.

한쪽 면은 앞표지로, 또 한쪽 면은 뒷표지로 정한 다음, 나머지 종이를 한 방향으로 몰아서 책 모양이 되도록 접으세요.

이렇게 하면 훨씬 잘 만들 수 있어요!

그림을 그릴 때 도움이 되는 아이디어

● 아이들끼리 번갈아 그림의 모델이 되어줍니다. 멋지게 포즈를 취한 짝꿍을 보면서 그림을 그린 후엔 다시 자기가 그림의 모델이 되는 것이지요.

레너드(10세)가 열심히 그림을 그리고 있는 짝꿍의 모습을 그렸습니다.

● 사람들의 동작을 그림으로 표현할 때 도움이 되도록 종이 인형을 만들어보세요. 머리와 몸통, 팔다리를 끼워 맞출 때는 핀이나 클립 같은 것으로 고정시키세요.

● 표현하고자 하는 대상을 어떻게 그리느냐에 따라 두드러져 보일 수도 있고, 아니면 배경 속에 묻혀버릴 수도 있습니다. 아이들이 그림을 그리면서 이 점을 자연스럽게 깨달을 수 있도록 물감을 사용할 때는 한두 가지 색깔만 사용하게 하세요.

● 간단하게 스케치를 할 때, 또는 이것저것 그려보면서 연구를 할 때 가장 필요하고 중요한 것이 바로 스케치북입니다. 스케치북에 그린 그림들은 책을 만들 때 이용될 수도 있고, 스크랩북처럼 참고 자료로 모아놓을 수도 있습니다.

그림 그리는 시간을 줄일 수 있는 아이디어

이야기를 글로 쓰는 것보다 그림으로 표현할 때 시간이 훨씬 더 걸릴 수 있습니다. 그러므로 작업 시간을 줄이려면 무엇보다 그림 그리는 활동을 조절해야 하는데, 그럴 때는 다음과 같은 아이디어를 활용해보세요.

● 아이들이 다섯 권의 책을 만들 경우 한 권에만 색칠을 해서 완성합니다. 나머지는 연필이나 펜으로만 글을 쓰고 그림을 그립니다.

● 한 학기당 한 권의 책만 시각적인 효과를 위해 그림 위주로 책을 만들고, 나머지는 글쓰기를 위주로 합니다.

● 그림은 초고 형태를 거치지 않고 글과 함께 곧바로 책에 그립니다.

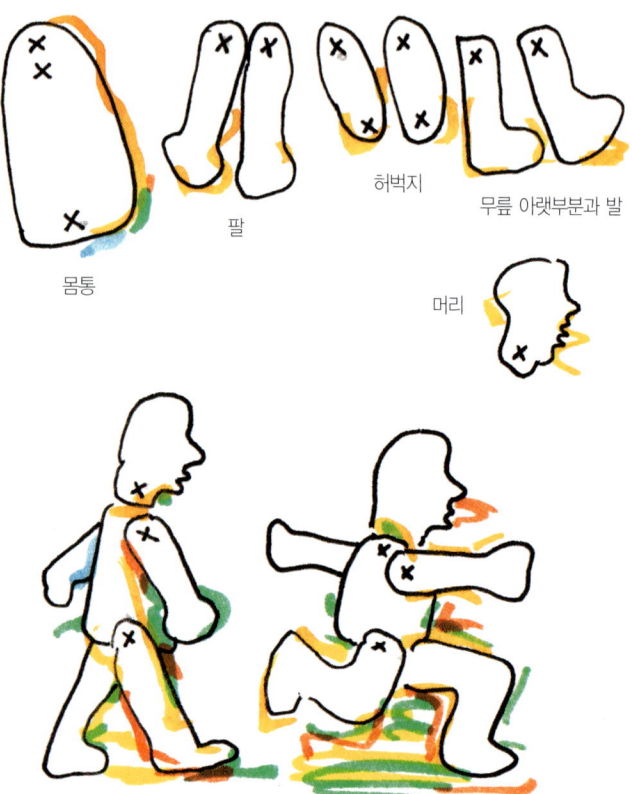

몸통 / 팔 / 허벅지 / 무릎 아랫부분과 발 / 머리

그림을 배치하는 여러 가지 방법

책표지 디자인하기

● 책표지는 세 부분, 즉 제목과 지은이와 표지 그림으로 나누어집니다.
● 어떻게 하면 책표지를 재미있게 만들 수 있을지 아이들과 의견을 나눠보세요. 이야기 중에서 가장 흥미진진한 대목을 그림으로 표현해보는 것도 좋은 방법이 될 것입니다.

크리스토퍼(5세)가 만든 그림책 표지.

● 고딕체, 오이체, 그래픽체 등 다양한 글자체가 실려 있는 서체 견본책을 아이들에게 보여주세요.
● 책의 뒷표지도 만들어보게 하세요. 뒷표지에는 책을 광고하는 홍보 문구, 줄거리 요약, 출판사 로고, 책값, 바코드 등을 넣으면 됩니다.

마리아나(9세)가 『앤드라의 섬』이라는 제목으로 만든 책. 책표지는 여행가방 모양으로 꾸몄고, 손잡이 끝에 앙증맞은 수하물 꼬리표를 달아놓았습니다.

안전 사용법

가위

● 가위에 손을 찔리거나 벨 수 있으므로 종이 밑에 깔려 있지 않도록 주의하세요. 가위를 사용할 때는 눈에 잘 띄게 책상 위에 올려놓으세요.
● 가위로 오릴 부분에 미리 연필로 선을 그어놓고 종이를 자를 때는 그 부분이 아닌 곳을 잡고 안전하게 작업할 수 있도록 해야 합니다.

칼

● 칼날을 조금씩 밀어내면서 사용하는 칼은 항상 **3cm** 정도만 칼날을 빼서 사용하세요.
● 종이를 자를 때는 반드시 고무깔개 위에 올려놓고 자르는 것이 좋습니다.
● 종이를 잡은 손이 항상 칼 뒤쪽(칼날의 반대쪽)에 위치하도록 주의를 기울이세요.
● 종이를 자를 때는 칼을 수평으로 기울여 잡으세요. 칼끝이 똑바로 서지 않도록 조심하세요.

재료 준비

종이

책을 만들 때 적당한 종이 크기는 **A1**(**59.4×84cm**)에서 **A4**(**29.7×21cm**) 정도입니다. **A3**(**42×29.7cm**)는 아코디언 책이나 기본책을 만들 때 가장 적당한 크기입니다.

여러 가지 형태의 책을 연습삼아 만들어볼 경우엔 신문지나 포장지, 또는 **A4** 용지를 사용하세요. 완성본 책을 만들 때는 무게가 약 **120g** 정도 되는 도화지를 사용하는 것이 좋습니다.

풀

책을 만들 때는 **PVA** 풀을 사용하는 것이 좋습니다. 하지만 아이들이 쓰기엔 스틱형 풀(고체형의 딱풀 종류)이 좋을 수도 있습니다.

1 · 장난감 이야기 1  5-6세

목표: 아코디언 모양의 4쪽짜리 책을 만듭니다.

준비 활동: 각 쪽마다 그림을 그려넣을 수 있게 네모칸의 그림틀을 만든 후, 그 종이를 복사해서 아이들에게 나눠주었습니다.

이렇게 활동하세요

아이들과 함께 동물 장난감을 가지고 여러 가지 이야기를 즉흥적으로 만들어보세요. 아이들이 흥미 있게 참여할 수 있도록 다양한 질문과 함께 갖가지 아이디어를 던져주세요. 그리고 이야기 속에서 각각의 동물들이 어떤 동작을 취하는지, 그 동작의 단어에 초점을 맞춥니다. 예를 들어 숨다, 뛰다, 놀다, 달리다, 걷다… 등등. 그리고 나서 이야기의 한 장면 한 장면을 다시 떠올리게 한 후, 아이들이 그림틀 속에다 그 동작을 그려넣도록 합니다. 또 그림의 위쪽이나 아래쪽에 설명을 달아보게 하세요. 나머지 빈칸에는 아이들 스스로 생각해서 그림을 더 그리게 하면 좋겠지요.

반으로 접은 카드는 책표지로 이용하면 됩니다. 책의 본문이 모두 완성되면 맨 앞에 있는 첫 쪽의 모서리를 1cm 가량 접은 후, 그 부분을 풀칠해서 표지 안쪽에 붙이세요.

이렇게 만들어보세요

1

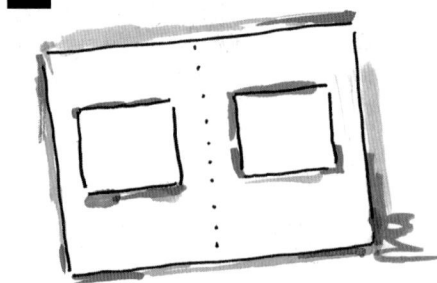

A4(29.7×21cm) 크기의 종이를 반으로 접은 뒤 다시 펼치세요. 그리고 양쪽 가운데에 네모칸을 그려 넣습니다. 이것이 기본 그림틀이 됩니다.

2

기본 그림틀을 복사한 뒤 가운뎃부분을 테이프로 붙여 연결합니다. 그리고 아코디언 모양 (또는 병풍 모양)으로 접으세요.

나도 디자이너!

● 내용을 채우고 난 나머지 빈 공간에 재미있는 그림이나 글을 써넣어 예쁘게 장식하세요.

이 책은 시에라(5세)가 고양이를 주인공으로 이야기를 꾸민 것입니다. 그림 밑에 간단하게 글을 달아놓았습니다.

2 · 장난감 이야기 2

목표: 4쪽짜리 그림책을 만듭니다.

준비 활동: 종이에 그림틀을 그린 후 복사해서 접었습니다. 그리고 아이들에게 각각 1장씩 나눠주었습니다.

이렇게 활동하세요

짧은 이야기로 구성된 그림책을 가지고 아이들과 자유롭게 대화를 나눕니다. 그런 다음 글자 부분을 가려 보이지 않게 한 후 아이들에게 각각의 그림에서 무슨 일이 일어났는지 간단한 문장으로 표현해보게 합니다. 그 문장을 그림틀 밑에 적어보게 한 후 그림을 그리도록 하세요. 다 완성되었으면 원래 그림책과 비교해보도록 합니다.

아이들이 책을 만드는 데 도움이 되도록 몇 개의 장난감을 보여주세요. 그런 다음 4개의 그림틀 속에 각각 그림을 그려넣게 하고, 그림 아래 간단하게 이야기를 만들어 써보게 해도 좋습니다.

이렇게 만들어보세요

1

A4(29.7×21cm) 크기의 종이를 4등분해서 접습니다. 그리고 각각의 면에 네모칸의 그림틀을 그려넣으세요. 그런 다음 위의 그림처럼 왼쪽 가운데를 가위로 오립니다.

2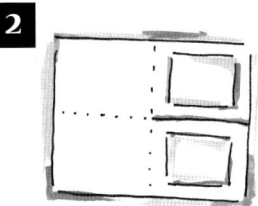

이번엔 종이를 뒤집어놓은 후 가위질이 되어 있는 면의 위아래에 네모칸의 그림틀을 2개 그려넣으세요.

3

종이를 반으로 내려 접어 4쪽짜리 책을 만드세요.

4

완성된 책을 앞뒤로 넘겨보면 모두 4쪽짜리 화면이 펼쳐집니다. 각각의 그림틀 속에 그림을 그리고 이야기를 써넣으면 됩니다.

크리스토퍼(5세)가 만든 그림책. 주인공 다렌이 침대 밑에서 잠을 자고, 아침 식탁에서 식사하는 장면이 그려져 있습니다.

아이디어 몇 가지 더!

스토리보드 만들기

스토리보드(storyboard)란 '주요 장면을 간단하게 그려놓은 일련의 그림판'을 말합니다. 스토리보드를 이용하면 아이들이 책을 만들 때 여러 모로 도움이 많이 됩니다. 스토리보드 만드는 법을 가르쳐줄 때는 우선 A4 크기의 종이에 그림틀을 6개 정도 그린 후 각각의 그림틀 밑에 글을 쓰세요. 그리고 그 종이를 복사해서 아이들에게 나눠주고 글에 대해 설명합니다. 이렇게 하면 아이들 스스로 그림틀 속에 자기 나름대로 그림을 그려넣을 수 있을 것입니다.

만화 그림 이용하기

책만들기에 영 자신없어하는 아이라면 만화에서 그림을 오려내어 붙여도 됩니다. 그리고 만화 이야기에 나오는 단어 몇 가지를 사용해서 글을 쓸 수도 있지요.

3 · 팝업 상자책

목표: 간단한 팝업 그림책을 만듭니다.
준비 활동: 기본적인 팝업 상자책을 만들어 아이들에게 나눠주었습니다.

이렇게 활동하세요

팝업북(a pop-up book)이란 '펼치면 그림이 튀어나오는 책'을 말합니다. 우선 책을 만들기 전에 아이들에게 팝업 상자책을 보여주세요. 그리고 튀어나온 부분에 어떤 그림이 그려져 있는지 설명해줍니다. 밖으로 튀어나오는 그림 부분에 이야기의 주요 주제가 담겨 있는가? 또 이야기 속에서 나타나거나 벌어지는 놀라운 일이 담겨 있는가? 아이들과 같이 팝업 상자책의 튀어나오는 부분을 어떻게 표현하면 좋을지 근사한 아이디어를 생각해보세요. 예를 들어 텔레비전 화면이나 물건을 파는 가게, 혹은 예쁘게 포장된 선물 등으로 표현하면 재미있을 것입니다. 과연 어떤 얘기를 해주면 아이들이 기발한 아이디어를 생각해낼 수 있을까요? 아이들과 이야기를 나눌 때 팝업 부분을 염두에 두면서 이야기를 구성해보세요. 아이들 스스로 이야기를 새로 꾸미거나 그림을 그려도 좋겠지요.

올리버(5세)가 『악어의 집』이란 제목으로 만든 팝업 상자책입니다. 책의 한가운데 튀어나온 부분을 집으로 표현하고, 그 앞에 악어 한 마리를 그려놓았네요.

이렇게 만들어보세요

1
A3(42×29.7cm) 크기의 종이를 이용해서 '기본책'을 만드세요(이 책의 11쪽에 나와 있는 기본책을 만드는 방법 **3** 번까지 참조).

2
왼쪽과 오른쪽의 양 끝을 중심선에 맞춰 접으세요. 그리고 나서 옆의 그림처럼 세 면의 양끝을 가위로 자릅니다. 선을 자를 때는 위아래를 수평으로, 그리고 똑같은 길이로 잘라줍니다.

3
가위로 오린 부분을 안쪽으로 접으세요.

4
접었던 부분을 다시 펴서 원래대로 만든 후, 종이 전체를 펼칩니다.

5

앞에서 '기본책'을 만들 때와 마찬가지로 종이를 접어 책 모양을 만듭니다.

6

각각의 면을 펼쳐서 팝업 부분을 앞으로 빼내세요. 책을 다시 접을 때는 팝업 부분이 접히거나 구겨지지 않도록 조심하세요.

문을 만들 때는

집이나 가게, 또는 성을 만들 때는 팝업 부분에 칼집을 내어 밖으로 빼내면 됩니다. 그러면 멋진 문이 만들어지지요.

아이디어 몇 가지 더!

팝업 모양을 이용한 책들

마술 상자나 아름다운 성을 만들고 싶을 때는 정육면체의 위쪽을 뾰족하게 자르면 됩니다. 팝업 부분을 지그재그로 잘라내면 성의 난간이나 생일 케이크 모양으로 멋지게 변신합니다.

동요책 만들기

아이들이 평소 즐겨 부르는 동요를 한 곡 고르세요. 그런 다음 노래 속에 나오는 인물이나 사물들이 어떻게 움직이는지, 또 그 움직임에 대해 어떻게 생각하는지 물어보세요. 과연 아이들은 팝업 부분을 어떻게 꾸미고 싶어 할까요?

나도 디자이너!

- 팝업 부분을 너무 크게 만들어서는 안 됩니다. 그러면 글씨를 쓸 공간이 적어지니까요.
- 간단한 문장은 책의 위쪽에 쓰는 것보다 아래쪽에 쓰는 것이 훨씬 보기 좋습니다.
- 아이들이 그림을 그릴 때는 팝업 부분을 눌러서 평평하게 만든 후에 그리도록 합니다.

4 · 다양한 모양의 팝업 책

목표: 면마다 각각 다른 모양의 팝업을 이용해 재미있게 꾸며봅니다.

준비 활동: 우선 기본책을 만든 후, 각각의 면에 서로 다른 모양의 팝업을 만들었습니다.

이렇게 활동하세요

팝업 책을 만드는 기초적인 방법을 연습한 후(18~19쪽 참조), 나름대로 새로운 모양을 연구해보세요. 아이들도 스스로 독특한 팝업 모양이 나오도록 종이를 이리저리 잘라보면서 새로운 형태의 팝업 책을 만들어보게 합니다.

아이들에게 여러 가지 모양의 팝업 책을 보여주면서 어떻게 팝업 책이 만들어지는지 얘기해줍니다. 아이들은 자기가 만든 팝업 책이 어떤 모양으로 되어 있는지 유심히 살펴볼 것입니다. 아이들과 함께 팝업 부분을 이용해 무엇을 만들 수 있는지 갖가지 아이디어를 모아 목록으로 작성해보세요. 예를 들어 나비 모양의 팝업은 나비 넥타이로 변신할 수 있겠지요. 또 육각형 모양의 팝업이라면 보석이나 뱃머리로 변신할 수 있을 것입니다.

아이디어 목록을 이용해 아이들은 자기가 만든 팝업 모양을 가지고 재미있는 이야기를 꾸밀 것입니다. 물론 그런 다음엔 글도 쓰고 그림도 그려넣어 훌륭한 팝업 책을 완성하도록 합니다.

주의하세요!

● 꼭 기억해두세요. 팝업 부분을 만들려면 종이가 접혀 있는 쪽에서 수평으로, 혹은 대각선으로 비스듬하게 잘라야 합니다. 종이를 자를 때 수직에 가깝게 자르면 팝업 모양이 제대로 나오지 않거든요.

이렇게 만들어보세요

1

A3(42×29.7cm) 크기의 종이로 '기본책'을 만드세요(이 책의 11쪽에 있는 '기본책'을 만드는 방법 **3** 까지 참조).

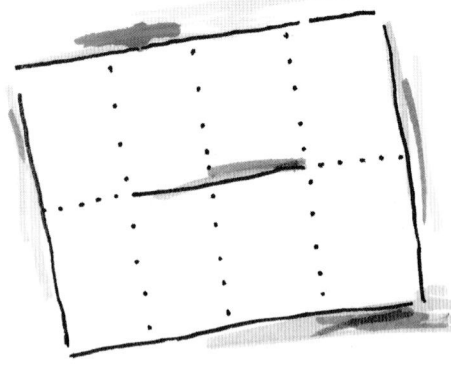

2

왼쪽과 오른쪽의 양 끝을 중심선에 맞춰 접으세요. 그리고 나서 각 면마다 모양을 달리해서 가위로 오려주세요. 이때 팝업 부분이 잘 움직이는지, 또 글씨 쓸 부분이 넉넉한지 잘 살펴보세요.

3

종이 전체를 다시 펼친 후 반으로 내려 접어 '기본책'을 만드세요.

4

팝업 부분을 밖으로 조심스럽게 빼내면 나비 모양이 만들어집니다.

5

나머지 두 면에 만든 팝업 부분도 손으로 잘 빼내어 모양을 예쁘게 다듬으세요. 그러면 상자 모양과 육각형 모양의 팝업이 만들어질 것입니다.

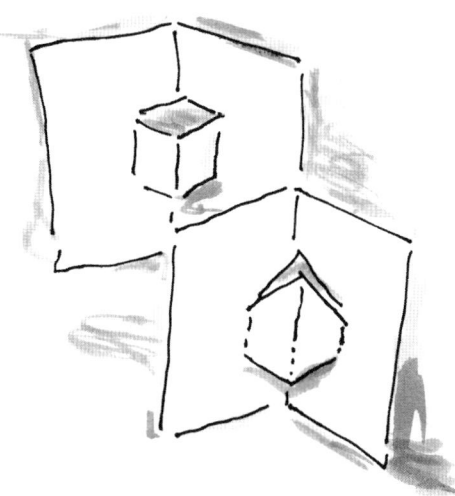

아이디어 몇 가지 더!

안으로, 밖으로 톡톡

밖으로 튀어나오는 팝업 안쪽에 다시 가위질을 해서 좀 더 작은 팝업을 만들어보세요.

여러 가지 다양한 팝업 모양을 시도해보세요. 이 세상에 단 하나뿐인, 아주 독창적인 팝업 책이 탄생할 것입니다.

카발(7세)은 팝업 모양의 책을 이용해서 나비 이야기를 꾸몄습니다.

5 · 팝업 얼굴책

> **목표:** 3면으로 이루어진 얼굴 모양의 팝업 책을 만듭니다.
>
> **준비 활동:** 얼굴 모양의 팝업 책을 만들어 아이들에게 나눠주되, 아이들이 스스로 완성할 수 있도록 했습니다.

이렇게 활동하세요

아이들과 그림책을 읽은 후, 책에 실려 있는 그림을 보면서 등장 인물들에 관해 자유롭게 이야기를 나누세요. 또 그림책의 내용을 잘 읽어본 다음 이야기 속에서 각각의 등장 인물들이 어떻게 묘사되어 있는지도 알아보세요. 이때 아이들이 등장 인물을 좀더 자세히 설명할 수 있도록 형용사를 많이 사용하게끔 이끌어주세요. 예를 들어 산봉우리처럼 오똑하게 솟아오른 날씬한 코, 반짝반짝 빛나는 커다란 눈동자… 같은 식으로 말예요.

코를 중심으로 눈과 귀, 입 등을 그리도록 합니다. 아이들이 그림을 그릴 때 귀고리나 모자, 안경 등에 대해서도 이야기를 나눠보세요. 그림이 완성되면 양쪽의 빈 공간에 글씨를 쓰면 됩니다. 그리고 그 인물에게 오늘 일어날 아주 특별한 일, 예를 들어 생일 잔치를 연다든가 좋아하는 친구가 찾아온다거나 하는 일 등을 생각하고 그것을 글로 써보게 하면 좋겠지요.

이렇게 만들어보세요

1

A3(42×29.7cm) 크기의 종이를 준비해서 '기본책'의 **3**단계까지 만듭니다(이 책의 11쪽 참조).

2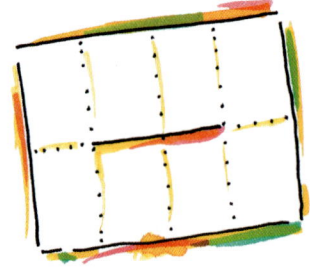

왼쪽과 오른쪽의 양끝을 중심선에 맞춰 접으세요. 그런 다음 각 면의 중간쯤에서 안쪽으로 2cm 정도 들어가게 수평으로 잘라줍니다.

3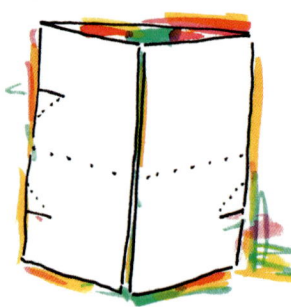

가위로 자른 부분을 **2**에 표시된 점선대로 접으세요.

4

접었던 부분을 원래의 상태로 다시 펼칩니다.

5

종이 전체를 다시 펼친 후 반으로 내려 접어 '기본책'을 만드세요.

6

각각의 면을 펼쳐서 팝업 부분을 조심스럽게 밖으로 빼내면 코 모양이 만들어집니다.

베키(6세)가 만든 『미스터 스파이더의 얼굴』

아이디어 몇 가지 더!

가족 앨범

얼굴 모양의 팝업 책을 이용해 멋진 가족 앨범을 만들어 보세요. 첫째 면에는 아이의 형제자매를(사촌들까지 포함해서), 둘째 면에는 아빠나 엄마를(삼촌과 숙모도 좋겠지요), 그리고 셋째 면에는 할머니나 할아버지의 모습을 그립니다.

인기 스타 앨범

아이들이 좋아하는 운동선수나 연예인, 또는 책에 나오는 인물을 그리도록 합니다. 과연 우리 아이들은 그 인물들을 왜 좋아하는 걸까요? 솔직한 생각을 글로 써보게 합니다.

입 모양을 만들 때는

1

앞에서 해본 방법(이 책의 22쪽에 있는 방법 **4** 까지)대로 코 부분까지 만들었으면, 그 바로 밑에 다시 가위질을 합니다. 이때 코 부분보다 조금 작게 입 부분을 오리도록 하세요.

2

가위로 오린 선을 중심으로 양쪽으로 접었다가 다시 펼칩니다. 그런 다음 종이 전체를 펼쳐서 '기본 책'을 만드세요.

3

다 만들었으면 각각의 면을 펼쳐서 코와 입 부분을 밖으로 빼내 모양을 잘 다듬으세요.

나도 디자이너!

- 코를 크게 만들고 싶으면 코 부분을 오릴 때 코의 너비를 좀더 넓게 해서 오리면 됩니다.
- 코를 길게 만들고 싶으면 코 부분을 접을 때 좀더 위쪽으로 올라가서 길게 접어주면 됩니다.

6 · 팔랑팔랑 나비 카드

> 목표: 팔랑팔랑 날갯짓을 하는 나비 모양의 카드를 팝업 형태로 만듭니다.
>
> 준비 활동: 팝업 형태로 튀어나올 나비의 날개, 그리고 밑받침이 될 종이를 준비한 후 이것을 접고 자르고 붙였습니다.

이렇게 활동하세요

나비 카드는 본격적인 나비책(이 책의 25쪽 참조)으로 들어가기 전의 준비 단계로 만들게 됩니다. 우선 카드를 만들기 전에 나비 사진을 모아놓은 책이나 곤충도감 등을 아이들에게 보여주고 나비 날개의 다양한 색깔과 모양에 대해 이야기를 나누세요.

나비의 몸통이 어떻게 생겼는지, 그리고 다리와 날개, 더듬이가 몇 개인지도 알아보세요. 날개가 어디에 어떻게 달려 있는지도 아이들에게 자세히 보여주세요. 그러면 아이들 스스로 나비의 특징과 이름, 또 어디에 사는지를 잘 정리해서 카드에 쓸 수 있을 것입니다.

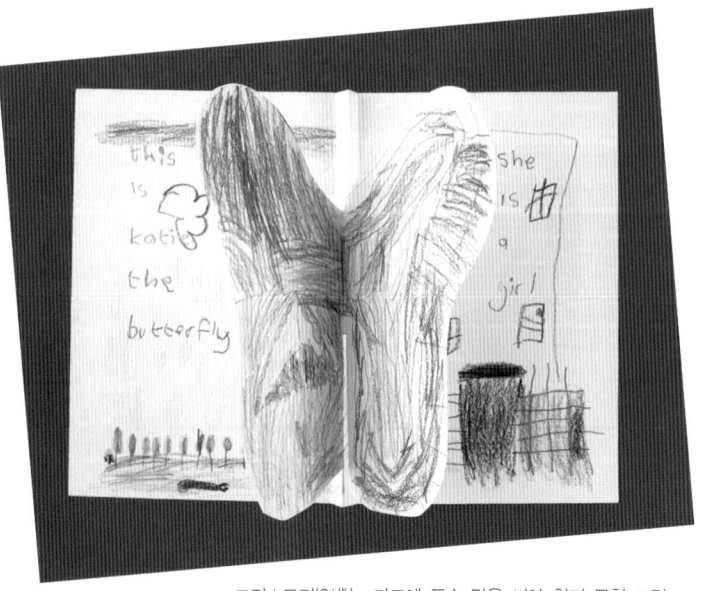

크리스토퍼(6세)는 카드에 무슨 말을 써야 할지 무척 고민 스러워했답니다.

이렇게 만들어보세요

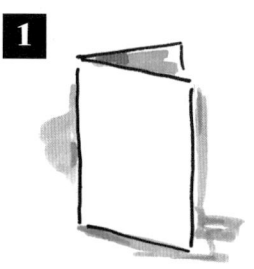

A4(29.7×21cm) 크기의 종이를 가로로 반을 접으세요.

그림처럼 왼쪽의 막힌 부분을 2cm 정도 접으세요.

종이 전체를 펼친 다음, 한가운데를 접어 올려 V자 모양이 되도록 하세요.

A4 크기의 종이를 다시 준비해 가로로 반을 오리세요. 그리고 세로 면의 한쪽 끝을 2cm 너비로 잘라내세요.

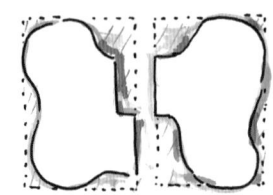

4에서 준비한 2장의 종이 위에 그림처럼 나비의 날개를 만들어 가위로 오리세요.

날개가 완성되면 왼쪽 날개의 밑면에 풀칠을 해서 V자 모양의 오른쪽에 붙이세요.

반대로 오른쪽 날개는 V자 모양의 왼쪽에 붙여 서로 교차되도록 합니다.

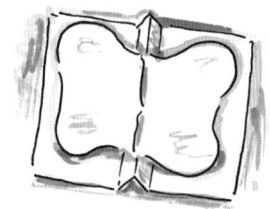

전부 완성되면 카드를 접었다 폈다 하면서 나비 날개를 팔랑팔랑 움직여보세요.

7 · 나비책

> 목표: 예쁜 나비 모양의 책을 만듭니다.
>
> 준비 활동: 종이를 접고 잘라 나비책을 만든 후 아이들에게 나눠주었습니다.

이렇게 활동하세요

먼저 상상을 통해 꾸며내는 이야기책과 각종 정보를 담고 있는 실용서가 어떻게 다른지 설명해주세요. 그리고 나서 몇 권의 책을 가지고 아이들 스스로 분류해보게 합니다. 앞에서 만들어본 나비 카드를 이용해 아이들과 재미난 이야기를 꾸며보세요. 그리고 나비 관련 책에서 공부했던 여러 가지 정보를 가지고 어떤 종류의 실용서를 만들면 좋을지, 기발한 아이디어를 모아보세요.

책의 첫째 면으로 들어가기 전에 아이들과 함께 이야기의 첫머리에서 나비가 어떻게 하면 좋을지 곰곰이 생각합니다. 그런 다음 둘째 면에서는 나비가 앞으로 어떻게 해나갈 것인지 상상해보도록 합니다. 마지막 면에선 뭔가 놀라운 결말을 맺도록 상상력을 자극합니다. 몇 가지 서로 다른 결말 장면을 마음껏 상상하는 것이지요. 그 중에서 가장 마음에 드는 장면을 하나 선택해서 책을 완성시키면 OK!

2 종이를 다시 펼친 다음 위에서 아래로 내려 접으세요. 그리고 양쪽 끝부분을 그림처럼 삼각형이 되도록 접습니다.

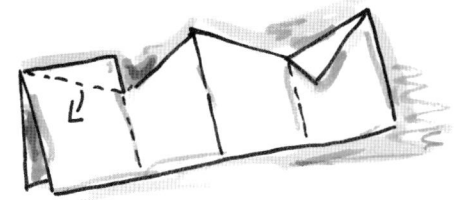

3 2에서 접었던 부분을 책의 안쪽으로 밀어넣어 뾰족하게 만드세요.

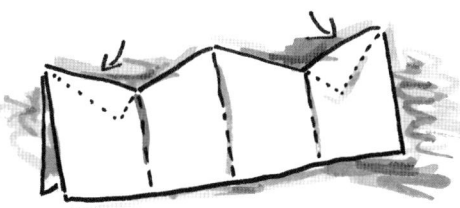

4 '기본책'을 만들 때의 방법대로 가운뎃점을 중심으로 전체 면을 안쪽으로 밀어 나비 모양의 책을 완성시킵니다.

이렇게 만들어보세요

1 A4 크기의 종이를 준비한 뒤 '기본책' 2 단계까지 만드세요(이 책의 11쪽 참조). 그리고 가운뎃 부분을 그림과 같이 삼각형으로 잘라줍니다.

좀더 근사하게 만들고 싶다구요?

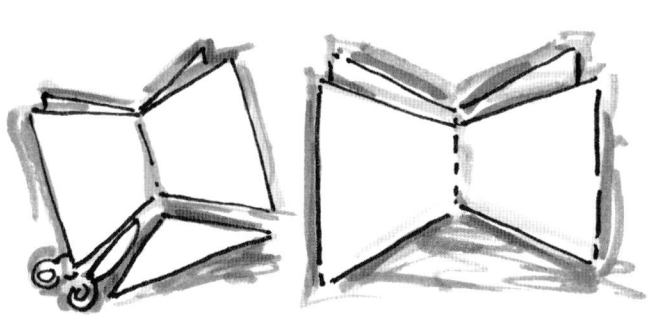

진짜 나비처럼 보이게 하려면 책을 펼쳐서 각 면의 아랫부분을 V자 모양으로 잘라주세요. 책 모양이 전체적으로 나비 날개처럼 보인답니다.

25

8 • 빙글빙글 회전책

목표: 빙글빙글 돌아가는 회전판을 이용해 낮에서 밤으로, 밤에서 낮으로 변하는 이야기책을 만듭니다.

준비 활동: 이 책을 만드는 데 필요한 종이를 각각 크기에 맞춰 자르고 접었습니다. 맨 나중에 회전판을 붙여 완성시킬 때 아이들을 조금씩 도와주었습니다.

이렇게 활동하세요

책 속에 있는 회전판이 돌아가면서 낮과 밤이 변하는 모습을 아이들에게 보여주세요. 그리고 아이들과 함께 낮에 볼 수 있는 것들과 밤에 볼 수 있는 것들에 대해 자유롭게 이야기를 나누세요. 예를 들어 낮에 볼 수 있는 것들로는 밝은 햇살, 활짝 피어나는 꽃, 나비들이 있겠지요. 또 밤에 볼 수 있는 것들로는 달, 지는 꽃, 올빼미 등이 있을 것입니다. 이런 것들에 대해 아이들과 재미있게 이야기를 나누는 것입니다.

우선, 낮에 아이들이 집 안에서 어떤 놀이를 하며 지내는지 즉흥적으로 이야기를 나눠보세요. 그런 다음 반원의 아래쪽 빈 공간에다 놀이를 하고 있는 아이들 모습을 그리게 합니다. 또 회전판의 반쪽에는 낮 동안 환하게 빛나는 하늘이 보이는 창문을, 그리고 다른 반쪽에는 밤하늘이 보이는 창문을 그리도록 하세요. 책이 전부 완성되면 아이들로 하여금 회전판을 돌려가며 그림 속의 인물이 낮 동안, 그리고 저녁 시간에 무슨 일을 하는지 이야기로 꾸며보게 하세요.

이렇게 만들어보세요

1

A3(42×29.7cm) 크기의 종이를 4등분으로 접었다가 다시 펼칩니다. 그런 후 옆의 그림처럼 아래의 오른쪽 공간에 반원 모양으로 종이를 오려냅니다. 또 오른쪽 끝부분에 조그맣게 반원을 그려서 오립니다. 이 부분으로 회전판을 돌리게 됩니다.

2

다른 종이를 이용해 동그란 모양으로 오려냅니다. 그리고 반으로 나눠 낮과 밤의 풍경을 각각 그립니다. 이때 주의할 점은, 앞의 **1** 에서 오려낸 반원보다 동그란 종이가 더 커야 한다는 것입니다.

레오(6세)가 『무지개』란 제목으로 만든 책입니다. 회전판을 돌리면 한쪽에는 무지개가 나타나고, 이것을 다시 돌리면 폭풍우 치는 장면이 나타나게 되어 있습니다.

SINCE
2001

  책학교TV   책학교 블로그   책학교 카카오톡

◆ 주소 : 04016 서울 마포구 희우정로13길 10-10, 1F 도서출판 아이북
◆ TEL | 02-338-7813~7814 ◆ FAX | 02-6455-5994
◆ www.makingbook.info

직업을 알면 더 재미있는 위인이야기

김지영 글 | 김찬호 그림 | 값 12,000원

위인들도 직업이 있었다!

72명 위인들과 그들의 직업을 통해 아이들의 꿈과 미래를 세워보자.

이야기로 떠나자 세계 한 바퀴

김지영 글 | 김찬호 그림 | 값 12,500원

동화도 읽고, 문화도 알아보고!

세계 전래동화를 읽으며 그 이야기 속에 스며들어 있는 문화를 살펴보고, 그 나라의 역사 등을 함께 알아보게 하다.

행복상자를 열어봐

마네타 비거스 지음 | 김선경 옮김 | 값 14,300원

행복을 머무르게 하는 50가지 특별한 방법!

긍정적이고 자신감 있는 '내'가 되고 싶다면 행복상자를 열어보세요.

책밥풀

잠의 발견
마크 웨이스블러스 지음 | 유혜인 옮김 | 값 28,000원

고추장 처음 교과서
황윤옥·정안숙 지음 | 값 16,800원

황제내경 영추집주
장지총 지음 | 박태민 옮김 | 값 88,000원

식품 보존 교과서
무라타 마사쓰네 감수 | 윤덕주 옮김 | 값 16,800원

창이 있는 작가의 집

구시렁구시렁 일흔
박범신 지음 | 값 18,800원

주무시고 가실래요?_뉴욕의 집
송순빈 지음 | 값 16,800원

덥석 받아든 위로
이강화 지음 | 값 16,500원

롱고롱고 숲
최계선 지음 | 값 12,000원

낮과 밤을 표현하는 날개책을 만들어볼까요?

3

앞의 **1**에서 만든 종이를 뒤집어놓은 후, 옆의 그림처럼 아래쪽에 회전판을 올려놓고 핀으로 고정시킵니다. 핀을 꽂을 때는 회전판이 잘 돌아가도록 주의하세요. 회전판을 잘 고정시켰으면 종이의 위쪽을 아래로 내려 두 겹으로 만듭니다.

4

모두 완성했으면 세로로 반을 접어 카드 모양을 만드세요. 그리고 손으로 회전판을 돌려봅니다. 어때요, 빙글빙글 잘 돌아가나요?

아이디어 몇 가지 더!

네 가지 이야기를 담아보세요

회전판을 네 부분으로 나눠 각각 그림을 다르게 그리고, 또 회전판이 보이는 원 부분도 4분의 1 크기로 잘라내면 훨씬 재미있는 책이 만들어집니다. 과연 아이들은 어떤 기발한 아이디어를 낼까요? 예를 들어 네 가지 내용을 담은 이야기나 동물에 관한 책, 아니면 사계절을 표현하는 책이 만들어질 수 있을 것입니다.

1

A3 크기의 종이를 4등분해서 접은 후 다시 펼치세요. 그리고 오른쪽 아랫면을 2등분해서 그림과 같이 가로로 오리세요.

2

종이의 윗부분을 아래로 내려 접으세요. 그런 다음 오른쪽 아랫면의 뒤에 풀칠을 해서 뒤에 있는 종이와 붙이세요.

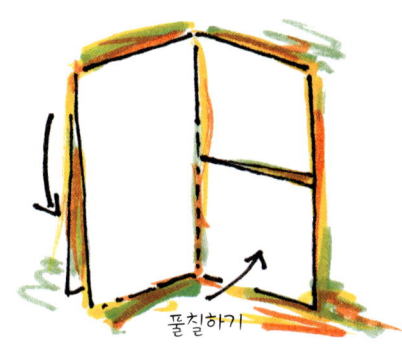

먼저 아이들에게 오른쪽 아랫면에다 파티 장면을 그리게 합니다. 활짝 웃는 친구들의 모습과 맛있는 음식이 잔뜩 차려져 있는 식탁이 그려지겠죠? 그런 다음엔 오른쪽 위에 있는 앞쪽 날개 부분에는 낮 시간의 하늘, 그리고 뒤쪽 날개 부분에는 밤 시간의 하늘을 그리면 됩니다. 비어 있는 왼쪽 공간에는 파티 때 무슨 음식을 먹었는지, 어떤 게임을 했는지 등등 파티 때 있었던 일들을 씁니다. 이때 낮 시간에 이루어진 일과 밤 시간에 이루어진 일을 모두 생각해서 쓰도록 이끌어주세요.

날개를 들어올리면 밤의 장면으로, 또 날개를 내리면 낮의 장면으로 바뀝니다.

9 · 솟아오르는 책

목표: 팝업 부분을 접었다 폈다 할 수 있는 아코디언 책을 만듭니다.

준비 활동: 기본적으로 4쪽짜리 아코디언 책을 만들어 아이들에게 나눠주었으며, 이야기를 길게 쓸 경우에 덧붙일 수 있도록 여분의 종이도 준비했습니다.

이렇게 활동하세요

아이들에게 아주 환상적이고 흥미로운 사건이 담겨 있는 동화 한 편을 읽어주세요. 예를 들어 마법사가 등장한다거나 환상 속의 동물 이야기 같은 것으로 말예요. 그리고 나서 두 가지 사물을 가지고 즉흥적으로 이야기를 꾸며보세요. 내 경우엔 중국 고양이와 종이 용을 사용했습니다. 그렇게 한 다음엔 아이들의 상상력을 자극할 수 있도록 "이 다음엔 어떤 일이 벌어졌을까?" 하는 질문을 던져보세요. 그러면 아이들은 나름대로 다음 이야기를 상상해서 재미나게 꾸밀 것입니다. 또는 자기가 들었던 이야기를 다시 독특하게 만들어낼 수도 있겠지요. 수업 중에 들려주었던 이야기를 재구성할 때는, 일단 아이들을 몇 개의 모둠으로 나눈 후에 각각 한 부분씩 맡도록 합니다. 그런 다음 나중에 이야기들을 모두 합쳐 하나의 이야기로 연결시킵니다.

이렇게 만들어보세요

1

A3(42×29.7cm) 크기의 종이를 가로로 2등분해서 오리세요.

2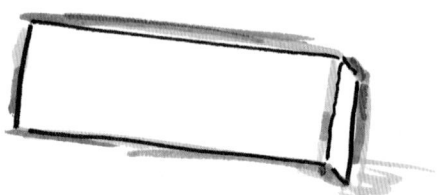

종이의 오른쪽 끝 부분을 1cm 너비로 접어서 뒤쪽으로 접으세요.

3

1cm를 뺀 나머지 부분을 2등분해서 접으세요.

환상적인 이야기를 담고 있는 사래(6세)의 『고양이와 용』이라는 작품. 팝업 부분에 그림을 그려 아주 실감나게 표현하고 있습니다.

4

종이 전체를 다시 펼친 다음, 중앙선에 맞춰 양쪽 끝을 접으세요.

5

종이를 접은 상태에서 종이의 윗부분을 V자 모양으로 오려내세요.

6

뾰족하게 올라온 양쪽 끝부분을 아래로 내려 접은 후 다시 원래대로 펼치세요.

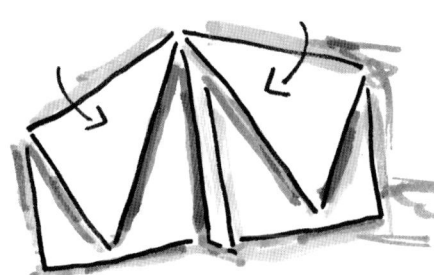

7

이번엔 뾰족하게 올라온 양쪽 끝부분을 **6**에서 접었던 선대로 안쪽으로 밀어 넣으세요.

8

종이 전체를 완전히 펼치면 아래 그림과 같은 모양이 완성됩니다. 여러 장이 필요할 경우엔 위의 방법 **2**~**7**까지를 반복해서 필요한 수만큼 만든 후에 오른쪽 끝부분을 풀칠해서 연결시키면 됩니다.

올록볼록 재미난 모양을 만들고 싶어요

팝업 부분에 거인이나 왕, 여왕 같은 모양을 만들고 싶다구요? 그렇다면 아래 그림처럼 쓱쓱싹싹 가위로 오려보세요. 순식간에 근사한 모양이 탄생하지요. 자, 다들 한번씩 해본 다음엔 여러 가지 동물 모양이나 건물도 만들어보세요.

1

앞에서 배웠던 방법을 잘 기억하면서 **6**단계까지 접어 그림과 같이 만드세요.

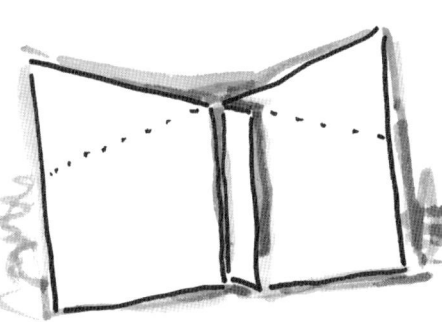

2

왼쪽과 오른쪽 끝부분을 중심으로 해서 모양대로 오려내세요. 왼쪽엔 사람 모양을, 오른쪽엔 집 모양을 만듭니다.

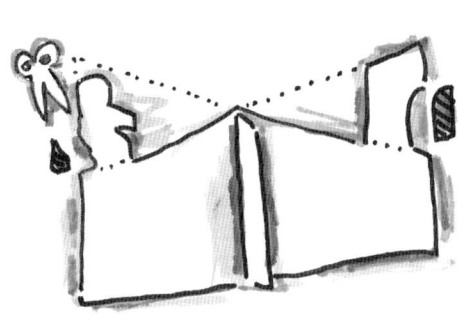

3

종이의 가운뎃부분은 일직선으로 오려내세요.

4

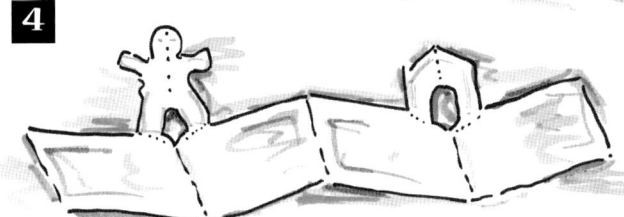

종이를 다시 펼치면 사람과 집 모양이 나타납니다.

주의하세요!

- 종이를 접을 때는 선이 또렷하게 나타나도록 손톱 끝으로 꼭꼭 누르거나 훑어주세요.
- 효과적으로 책의 모양을 잡기 위해서는 접는 부분을 명확하게 해두는 것이 좋습니다.

10 · 회전목마책

> 목표: 4면으로 이루어진 회전목마 모양의 책을 만듭니다.
>
> 준비 활동: 책의 앞면과 뒷면을 기본적으로 접어주되, 풀칠을 해서 붙이는 것은 아이들 스스로 했습니다.

이렇게 활동하세요

글자만 있는 책보다 그림 위주로 되어 있지만 훨씬 많은 정보를 제공하는 책을 아이들에게 보여주세요. 그런 다음엔 글자로 전달하는 것만큼 그림으로도 정보를 잘 전달할 수 있다는 점에 대해 이야기해주세요. 회전목마 책에는 네 개의 면이 있는데, 각각의 면에 어떤 주제를 담으면 좋을지 자유롭게 생각하도록 합니다. 예를 들어 봄·여름·가을·겨울의 사계절, 아침·점심·저녁·밤의 시간 변화, 서로 다른 물건을 파는 가게의 창문, 옛날부터 전해내려오는 이야기 등등. 아이들이 책을 만들기 전에 우선 어떤 책을 만들 것인지 간단하게 설계 도안도 그려보고 짧막짧막하게 메모 형식으로 글도 써보게 하면 좋겠지요. 그리고 나서 앞면과 뒷면에 예쁘게 그림을 그리고 설명을 덧붙여 완성하면 됩니다.

이렇게 만들어보세요

1

A3(42×29.7cm) 크기의 용지를 가로로 2등분해서 오리세요.

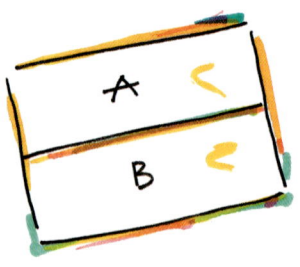

2

종이의 A 부분을 반으로 접었다가 다시 펼치세요. 그런 다음 중앙선에 맞춰 접은 후, 다시 한번 중앙선에 맞춰 양끝을 접으세요.

3

종이 전체를 펼친 다음 아코디언 모양으로 한 면씩 차례대로 접어나가세요.

4

이번엔 종이의 B 부분을 4등분한 후 4분의 1에 해당하는 종이를 가로로 잘라내세요. (4등분하는 것보다 6등분해서 6분의 1에 해당하는 종이를 잘라내는 것이 훨씬 보기 좋습니다.: 옮긴이)

마리아나(7세)는 각 면마다 모양을 달리해서 예쁘게 꾸미고 있습니다.

5

잘라낸 B 부분에서 양쪽 끝으로 1cm 정도 접으세요. 그런 다음 끝부분은 그대로 둔 채 **2**에서 했던 방법대로 종이를 접으세요.

6

B 부분을 다시 펼쳐 옆의 그림처럼 아코디언 모양으로 만드세요.

7

아코디언 모양으로 접은 종이를 하나로 모은 후 창문이 될 부분을 가위로 예쁘게 오려내세요.

8

앞면이 될 B 부분과 뒷면이 될 A 부분을 잘 맞춘 다음, B 부분의 양끝에 풀칠을 해서 서로 연결되도록 붙이세요. 이때 앞뒷면이 잘 연결되도록 주의하세요.

모양을 좀더 입체적으로 만들고 싶다구요?

독상 형태로 책을 만들 때는 좀더 입체적이고 정교하게 만들면 훨씬 근사하겠죠? 이럴 땐 앞뒷면 사이에 여러 개의 면을 새로 만들어서 끼우면 됩니다.

중간에 끼워넣을 면을 만들려면 앞의 **5**에서 **7**까지의 방법을 반복하면 되는데, 그러기 전에 먼저 중앙 면의 8분의 1에 해당하는 종이를 잘라내야 합니다. 그래야 앞뒷면과 조화롭게 이어질 수 있지요.

아이디어 몇 가지 더!

모빌로 만들어 공중에 매달기

우선 책의 끄트머리를 중심점에 맞춰 모두 붙이세요. 그런 다음 실 한 가닥을 테이프로 붙여 마치 등불처럼 천장에 매달면 됩니다. 가능하면 실의 길이를 다양하게 해서 아이들 작품을 여기저기 매달면 훨씬 보기 좋겠지요.

모양을 바꿔보세요

각 면의 윗부분을 아치 모양이나 뾰족한 성탑 모양으로 잘라 다양하게 만들어보세요.

나도 디자이너!

● 회전목마 모양을 만들 때 종이가 이리저리 밀릴 수 있으므로 작은 클립이나 집게를 이용해 고정시키는 것이 좋습니다.

11 · 팝업 무대책

> 목표: 3면으로 이루어진 팝업 형태의 극장 무대가 설치된 책을 만듭니다.
>
> 준비 활동: 아이들에게 무대책을 만들어주었습니다.

이렇게 활동하세요

아이들에게 하나의 이야기를 들려준 뒤 그것을 연극 장면으로 바꿀 수 있도록 도와주세요. 무대 배경이나 이야기 장면을 꾸미기 위해선 각각의 면에 어떤 그림을 그려넣으면 좋을지 아이들과 의논해보세요. 어떤 인물을 등장시킬 것인가? 또 등장 인물들은 무슨 얘기를 할까? 등장 인물들의 이름과 대사를 아이들에게 써보도록 합니다.

이렇게 만들어보세요

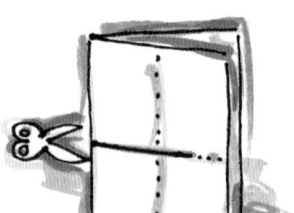

A3(42×29.7cm) 크기의 종이를 준비해서 '기본책'의 **2** 단계까지 만드세요(이 책의 11쪽 참조). 그런데 가운데 선을 자를 때 옆면의 중앙에까지 오도록 길게 잘라주세요.

종이 전체를 다시 펼친 뒤 중심선에 맞춰 양끝을 접으세요. 그런 다음 위의 그림처럼 세 면의 위아래를 가위로 오려주세요.

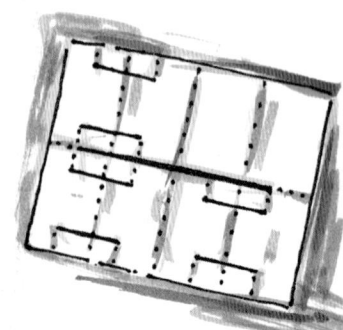

면의 위아래에 잘라준 부분을 안으로 접으세요.

그림과 같이 종이 전체를 다시 펼치세요. 그런 후 '기본책'을 만들 때처럼 팝업 부분을 안쪽으로 들어가게 접어주세요.

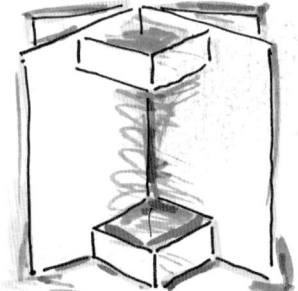

각각의 면을 펼친 후 팝업 부분을 밖으로 빼내세요. 이 팝업 부분이 바로 무대가 되는 것으로, 그림을 그려 멋지게 꾸미세요.

종이에 등장 인물들을 그린 후 가위로 오려내서 무대 아랫면에 풀로 붙이세요.

사례(6세)가 만든 작품 『여왕과 보물 상자』의 첫 장면. 무대 한가운데 주인공과 함께 보물 상자가 놓여 있습니다.

극장 카드를 만들어볼까요?

극장책을 아주 단순화하면 다양한 축하 카드를 만들 수 있습니다. 이때 카드를 접는 것은 아이들 혼자 힘으로 얼마든지 할 수 있지만 가위로 오릴 때는 약간의 도움을 필요로 할 것입니다.

A4 크기의 종이를 4등분으로 접었다 펴요.

종이를 세로로 반 접은 다음, 중간의 점선 부분을 반으로 자르세요.

가위로 오린 부분을 접었다가 다시 펼치세요.

그림과 같이 종이의 아래쪽 접힌 부분을 아치 모양으로 오려내세요.

종이를 다시 펼친 다음 윗부분을 아래로 내려 접으세요.

왼쪽과 오른쪽 끝을 안쪽으로 접고 팝업 부분을 밖으로 빼내세요.

4에서 잘라낸 종이에 그림을 그린 후 가위로 오려내 카드에 붙이세요.

아이디어 몇 가지 더!

어버이날 카드

어버이날 엄마와 아빠에게 팝업 극장 카드를 만들어 선물하면 좋겠지요. 무대 공간에 엄마 또는 아빠의 모습을 그려 붙이고 모서리를 멋있게 장식하면 됩니다. 과연 아이들은 어버이날 카드에 어떤 말을 쓸까요? 어버이날말고도 집안에 행사가 있다거나 특별한 일이 있을 때 이 카드를 만들어 보내면 아주 좋을 것입니다.

역사책 만들기

극장책은 역사적인 시대상을 담을 때도 아주 유용하게 쓰일 수 있습니다. 예를 들어 로마 시대의 삶을 다룬다고 한다면 공중 목욕탕과 만찬 파티, 또 게임하는 모습 등을 세 가지 장면으로 만들어 책으로 엮으면 되지요.

나도 디자이너!

- 종이를 접고 가위로 자를 때 왼손잡이 아이들이 불편해하지 않도록 세심하게 보살펴주세요.
- 무대를 꾸미고 배경을 그릴 때는 팝업 부분을 눌러 평평하게 만든 후에 작업하세요.

『여왕과 보물 상자』의 두번째 장면. 비열한 약탈자가 여왕의 보물 상자를 훔치기 위해 성으로 가고 있습니다.

12 · 동물 이야기를 담은 액자책

> **목표:** 책표지를 액자 모양으로 만든 4면짜리 책 속에 그림을 그리고 글을 씁니다.
>
> **준비 활동:** 2 단계까지 준비한 후에 아이들이 직접 책을 접어 완성시키도록 했습니다.

이렇게 활동하세요

볼품없고 약한 인물이 점차 성공해나가는 내용이나 어려움을 하나씩 극복해가는 내용, 또는 물건이나 장소를 발견해 나가는 내용 등을 주제로 해서 아이들에게 재미있는 이야기를 들려주세요. 우선 어떤 동물을 이야기의 중심 인물로 내세울 것인지를 생각해보게 한 후에 그 인물을 중심으로 해서 즉흥적으로 줄거리를 네 부분으로 엮어봅니다. 첫 번째 장면에서는 등장 인물과 배경을 보여주고, 두 번째 장면에서는 등장 인물이 모험을 시작합니다. 세 번째 장면에서는 흥미진진하거나 공포스러운 사건이 일어나게 되겠지요. 그리고 마지막 네 번째 장면에서는 전체 사건이 해결됩니다. 아이들로 하여금 자신이 생각한 동물을 등장 인물로 세우고 그에 알맞은 이름과 성격을 부여해보도록 하세요. 그것이 완성되면 책표지에 등장 인물을 그리고 전체 줄거리를 구성한 후, 그 이야기를 쓰고 그리게 하면 됩니다.

이렇게 만들어보세요

1 A3(42×29.7cm) 크기의 종이를 준비한 뒤 '기본책' 만들기의 **3** 단계까지 접으세요(이 책의 11쪽 참조). 그런 다음 중앙선을 중심으로 해서 그림과 같이 가로, 세로로 자르세요.

2 종이의 오른쪽 아랫면 중앙에 상하 좌우 여백을 2cm 간격으로 남겨놓고 세 면을 칼로 오려 그림과 같이 문 모양을 만드세요. 그리고 왼쪽 아랫면에 접은 선으로부터 1cm 간격을 띄운 상태에서 문의 높이와 같은 길이로 칼집을 내세요.

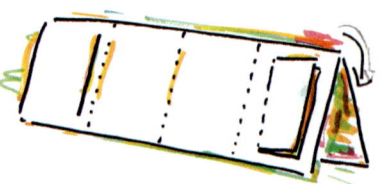

3 종이의 윗면을 아래로 내려 접으세요.

4 가운데 선을 중심으로 양쪽 면을 밀어주세요.

5 종이 전체를 조심스럽게 접어서 책 모양을 만드세요.

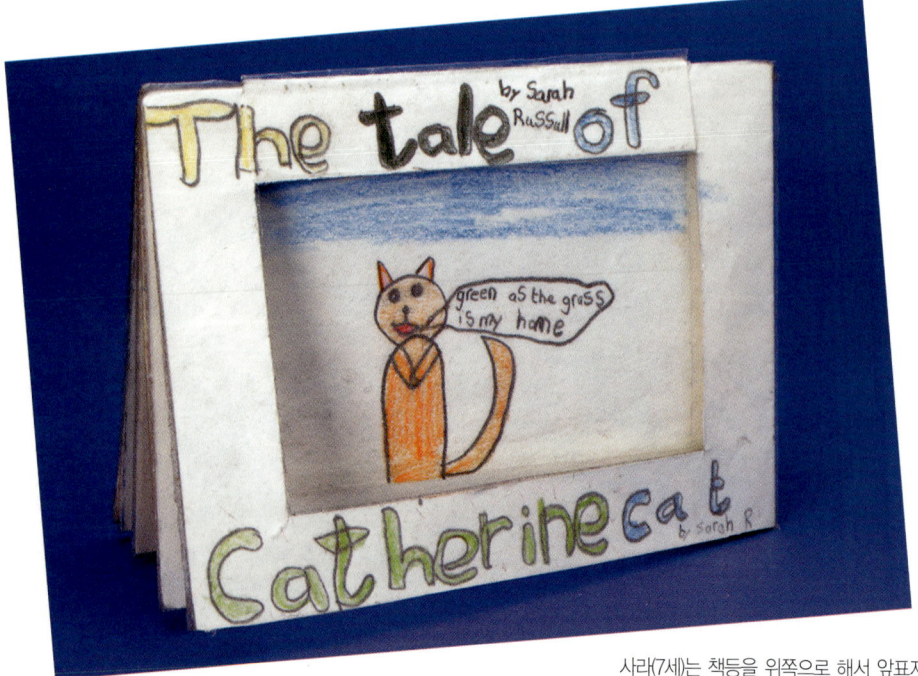

사라(7세)는 책등을 위쪽으로 해서 앞표지를 꾸몄습니다.

8면짜리 책을 만들어볼까요?

1

본문 용지가 많이 필요할 경우엔 종이를 2장 준비해서 앞의 **2** 단계까지 만들면 됩니다. 이때 한 장의 종이에는 문 모양만 만들고, 또 한 장의 종이에는 칼집만 내세요.

2

그런 다음 앞표지의 문을 빼내 뒷표지의 칼집 부분에 쏙 집어넣으세요. 그리고 가운뎃부분에는 풀칠을 해서 하나로 이어 붙이세요.

6

문 모양으로 자른 앞표지를 밖으로 빼내세요.

7

그런 다음 앞표지를 뒤로 넘겨 칼집을 낸 곳으로 집어넣으세요.

주의하세요!
- 책표지가 찢어지지 않도록 표지 바깥 부분에 살짝 풀칠을 해서 붙이세요.
- 책을 펼쳤을 때 책등 쪽이 바깥으로 빠져나오지 않도록 그 부분에도 풀칠을 하세요.

아이디어 몇 가지 더!

뒷이야기(속편) 꾸며보기

"고양이는 친구를 만나 행복하게 살았대. 그런데 그 후에 고양이와 친구는 어떻게 되었을까?"와 같은 질문을 던져 아이들이 뒷이야기를 계속 꾸며보도록 자극하세요. 만약 아이들이 잘 생각나지 않는다고 하면 여러 가지 가능성을 이야기해주세요. 그러면 첫번째 책에 뒤이은 속편을 쓰고 등장 인물을 위해 새로운 모험을 엮어낼 것입니다.

사라가 엮은 속편 『고양이 캐서린, 다시 돌아오다』

고양이 캐서린의 새로운 모험은 공원으로 가는 장면에서부터 시작되고 있습니다.

14 • 지그재그책

> 목표: 낱장으로 준비한 종이에 글과 그림을 완성한 후, 그것들을 전부 한데 모아 책으로 만듭니다.
>
> 준비 활동: 아코디언 형태로 접은 종이와 거기에 붙일 종이 4장을 준비해서 나누어주었습니다.

이렇게 활동하세요

한 등장 인물이 흥미진진하게 모험을 펼쳐나가는 내용의 그림책을 아이들에게 읽어주세요. 나는 브라이언 와일드스미스가 지은 『곰의 모험』이란 책을 사용했습니다. 아이들에게 '에피소드' 라는 단어가 무슨 뜻인지 잘 설명해준 후 책의 내용 중에 가장 주된 에피소드가 무엇인지 물어보세요. 아이들은 거기에 또 다른 에피소드를 덧붙이거나 이야기를 새롭게 바꿔서 나름대로 독특하게 이야기를 고쳐나갈 것입니다. 글과 그림을 넣어 내용을 완성한 다음엔 아이들과 함께 한 장씩 살펴보면서 어떤 점이 좋은지 평가하는 시간을 가지세요. 그러고 나면 그림을 고쳐 그리거나 내용도 약간씩 수정해야 할 것입니다. 그렇게 해서 전부 완성되면 아코디언 형태로 접은 종이에 하나씩 붙이면 됩니다.

이렇게 만들어보세요

1

A3(42×29.7cm) 크기의 종이를 가로로 2등분해서 오리세요.

2

이렇게 오려낸 종이 한 장은 모두 8개의 면이 되도록 아코디언 형태로 접으세요 (이 책의 30쪽에 있는 아코디언 책 접는 법을 참조).

3

나머지 종이 한 장은 4등분해서 접은 후 하나씩 오리세요.

4

그림과 글을 완성시키고 나면, 옆의 그림처럼 아코디언 형태의 종이에 하나씩 붙이세요.

올리버(7세)가 만든 책으로, 곰이 주인공으로 등장해 커다란 풍선을 타고 모험 여행을 떠나고 있습니다.

아이디어 몇 가지 더!

아이들이 다함께 만드는 모둠책

아이들 모두 1면씩 맡아서 자기 마음대로 기도문이나 시, 수수께끼, 또는 짤막한 글을 쓰게 합니다. 이 활동을 통해 아이들은 글씨를 쓰는 솜씨나 컴퓨터를 다루는 기술이 많이 좋아질 것입니다. 각각의 면을 어떻게 꾸미면 좋을지에 대해서도 여러 가지 아이디어를 짜보세요. 글자 모양을 멋지게 만들면 그 자체로도 아주 훌륭한 디자인이 될 수 있겠지요?

15 • 출판기념회 초대장

목표: 새 책의 출판기념회에 사람들을 초대하는 초대장을 만듭니다.

준비 활동: 카드를 접는 활동은 아이들 스스로 하고, 종이를 자르는 활동은 조금씩 도와주었습니다.

이렇게 활동하세요

아이들에게 출판사의 로고들을 보여준 다음, 아이들 나름대로 독창적인 로고를 디자인해보게 합니다. 작가가 원고를 쓰면 출판사가 그 원고로 책을 만들어 판매한다는 것을 설명하면서 출판사의 역할에 대해 말해주세요. 그리고 나서 새 책을 홍보하는 초대장을 만듭니다. 초대장 표지는 되도록 간단하게 만들되 '열어주세요' 나 '초대합니다' 와 같은 몇 가지 단어를 부각시킬 수 있도록 그 주위를 멋지게 디자인하세요. 카드 안의 왼쪽 면에는 책표지를 그립니다. 날개 뒷면이나 날개 아래쪽 면에 자세한 내용을 쓰면 되는데, 이 때 '가능하면 답장 주세요' 라는 문구를 써넣으면 더욱 좋겠지요.

이렇게 만들어보세요

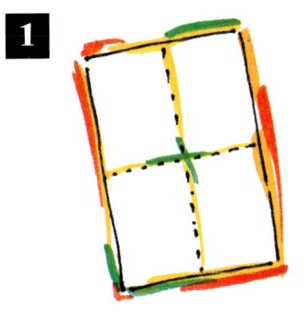

A4(29.7×21cm) 크기의 종이를 4등분해서 접은 후 다시 펼치세요.

그림처럼 오른쪽 아랫면에 사각형의 날개 모양을 칼로 오리세요.

 에서 오려낸 날개 모양을 밖으로 빼내 위로 접으세요.

사라가 쓴 『고양이 캐서린, 다시 돌아오다』의 출판기념회를 알리는 초대장.

아이디어 몇 가지 더!

책을 홍보하는 광고지 만들기

A4 크기의 종이를 준비해 반으로 접으세요.
그런 다음 첫째 면에 책표지와 함께 독자들의 호기심을 자극할 수 있는 광고 문구(가령 '화제의 작가 ○○○의 놀라운 신작' 같은 식으로), 그리고 출판사 로고를 그려 넣으세요. 또 "독자들이 그 책에 관해 무엇을 알고 싶어 할까?"를 놓고 토론한 후에 그것을 문장으로 정리해서 광고지 안의 왼쪽 면에 씁니다. 오른쪽 면에는 책을 주문할 수 있도록 주문서를 만들어 넣으세요. 그 주문서를 잘라서 출판사에 보낼 수 있도록 바로 뒷면에 출판사의 주소를 적으세요.

16 · 시집 상자 #

목표: 학급별로 아이들이 만든 시 작품과 그림 작품을 전부 모은 후 예쁜 상자에 담아 선물합니다.

준비 활동: 아이들의 작품을 모두 담을 수 있는 상자를 만들었습니다.

이렇게 활동하세요

아이들을 데리고 공원이나 가로숫길, 또는 숲속을 산책하면서 눈길을 끄는 풍경이나 사물들을 스케치하고 그때그때의 느낌을 메모하세요. 무엇을 느꼈는지, 어떤 냄새가 났는지, 어떻게 보였는지를 발표할 때는 가능하면 몇 개의 단어만 사용해서 사물을 묘사하는 방법이 없을지 아이들로 하여금 생각해보도록 이끌어주세요. 과연 그런 단어들은 어떤 생각을 떠올리게 해줄까요? 교실로 다시 돌아온 후에는 중요한 단어들을 목록으로 만들고, 그 단어들과 어울리는 글을 써보게 합니다. 그걸 바탕으로 짤막한 시를 지을 수 있도록 말예요. 그런 다음엔 A4(29.7×21cm) 크기의 종이에 상하좌우로 1cm 정도 여백을 주고 자기 나름대로 주제와 그림이 있는 시를 완성해봅니다. 다 완성된 작품은 상자 안에 하나씩 넣으세요.

이렇게 만들어보세요

1

두껍고 커다란 종이를 준비해서 가로 13cm, 세로 9cm의 길이로 그림과 같이 선을 그리세요.

2

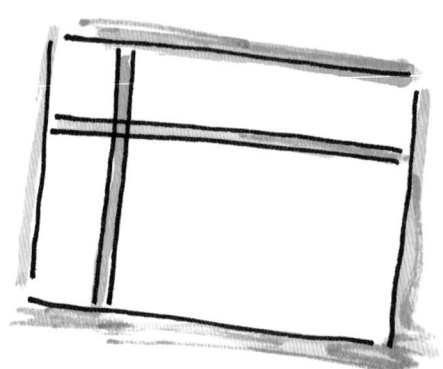

앞에서 그린 선과 1cm 간격으로 다시 선을 그리세요.

3

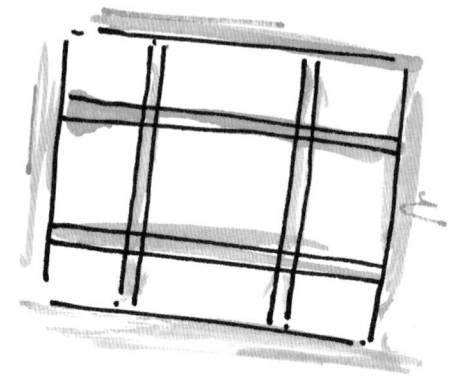

반대쪽에도 똑같은 길이와 간격으로 선을 2개 그리세요.

4

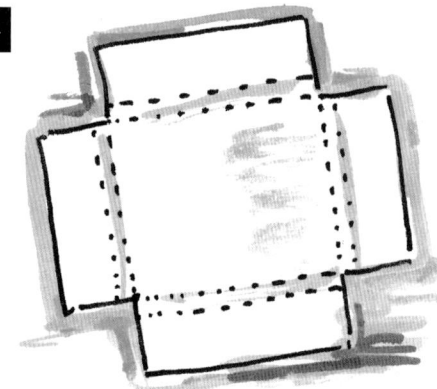

종이의 모서리 부분을 모두 가위로 오려내세요.

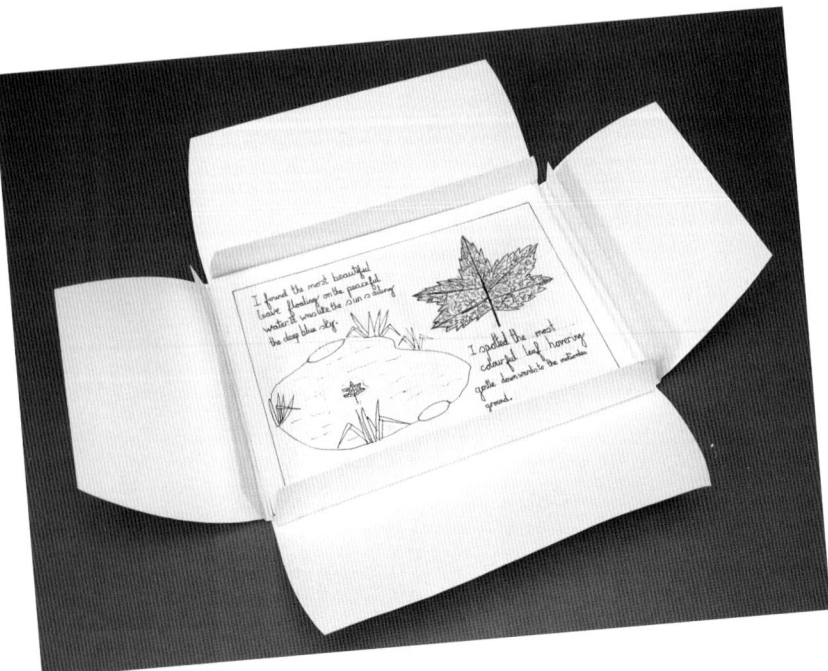

작품 상자를 두 개 만들어 포개놓은 것으로, 안쪽 상자는 날개 부분을 모두 오려냈습니다. 그리고 상자는 작품의 크기에 맞춰서 틀을 잡았습니다.

5

날개 부분의 끝을 둥글게 자르고 보기 좋게 다듬으세요.

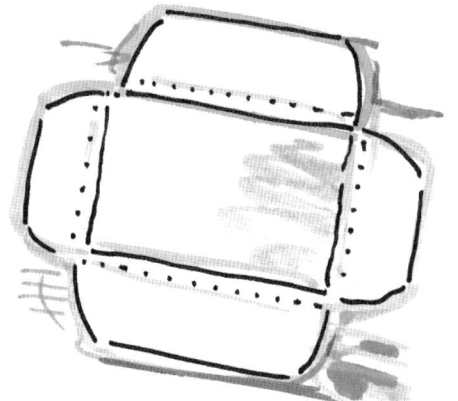

6

그림처럼 날개 부분을 바깥쪽으로 접으세요.

7

날개 부분을 서로 엇갈려 끼우면 그림처럼 작품 상자가 완성됩니다.

아이디어 몇 가지 너!

학급별로 전시회 열기

한장 한장 떨어져 있기 때문에 손쉽게 이동할 수가 있지요. 그래서 벽에 걸어 전시해놓을 때도 좋고, 또 수업 중에 아이들이 서로 돌려가며 작품을 감상할 때도 아주 편리하답니다.

나도 디자이너!

● 아이들이 좀더 훌륭한 작품을 만들 수 있도록 특별하고 색다른 종이(색깔이 들어 있거나 천 같은 느낌이 나는 종이)를 이용해보세요.

작품 전시용 액자

작품 상자에 넣어두었던 작품을 꺼내서 전시할 때 이용하면 좋습니다.

1

A4(29.7×21cm)보다 조금 더 큰 종이를 준비한 뒤, 위의 그림처럼 칼로 오리세요.

2

오려낸 부분을 밖으로 빼낸 다음 2등분해서 안쪽으로 다시 접으세요.

3

밖으로 빠져나온 날개 부분이 그림처럼 되도록 잘 정리하세요.

4

앞에서 만든 액자틀을 같은 크기의 바닥 종이를 만들어 풀칠해서 붙이세요.

5

액자틀 안으로 그림을 끼워넣으세요.

17 · 여행 정보를 담은 팜플렛

> **목표:** 휴일이나 휴가 때 필요한 놀이 정보가 담겨 있는 팜플렛을 디자인하고 글을 써넣고 그림을 그려봅니다.
>
> **준비 활동:** 6명씩 모둠을 지어 각 모둠에게 팜플렛을 하나씩 만들어 나눠주었습니다. 아이들은 각자 역할을 나누어 팜플렛을 완성시켰습니다.

이렇게 활동하세요

아이들은 모둠별로 주어진 팜플렛을 잘 살펴본 후 거기에 편의 시설의 특징과 주소 등을 목록으로 만들어 적어넣습니다. 모둠을 여섯 개로 나누어 함께 작업하면서 팜플렛을 디자인하고 내용을 채워나갑니다. 기초 자료를 조사해 수집하면서 좋은 아이디어를 서로 의논해보고 적당한 문구를 생각해내도록 이끌어주세요.

이렇게 만들어보세요

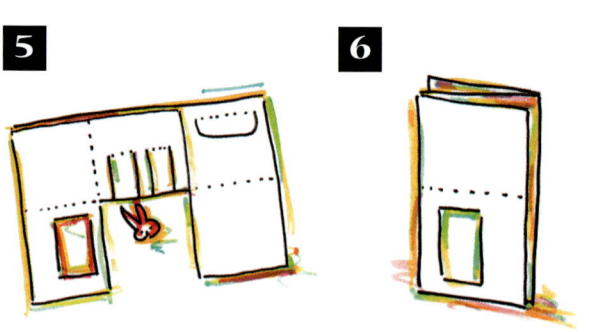

5 가운뎃면에 수직으로 4개의 선을 오리세요. 그런 다음 위로 접어 올렸다가 다시 펼쳐 내리세요.

6 왼쪽의 두 면은 가운뎃면의 앞으로, 그리고 오른쪽의 두 면은 가운뎃면의 뒤로 접으세요.

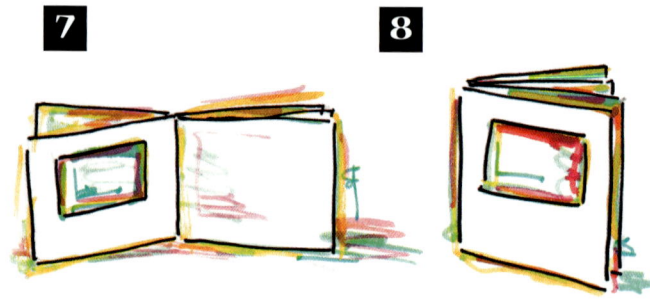

7 오른쪽 끝선을 아래로 내려오도록 종이 전체를 돌리세요. 그러면 창문 모양이 왼쪽으로 가게 됩니다.

8 창문이 있는 면을 오른쪽으로, 그리고 나머지 면을 책 뒤로 접어 넘기세요.

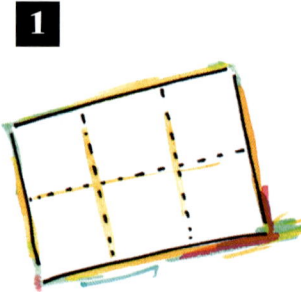

1 A3(42×29.7cm) 크기보다 좀더 큰 종이를 준비해서 세로로 3등분해서 접었다가 다시 펴세요. 그런 다음 가로로 2등분해서 접었다가 다시 펴세요(종이를 준비할 때는 팜플렛의 크기를 미리 생각해서 그에 알맞은 종이를 준비하면 됩니다 : 옮긴이).

2 그림과 같이 윗면의 왼쪽에 접은 선과 아랫면의 오른쪽에 접은 선을 가위로 오리세요.

3 종이 윗면의 왼쪽에 창문 모양으로 종이를 오려내세요. 그리고 윗면의 오른쪽에는 칼집을 내서 여닫이문처럼 만드세요.

4 가운뎃선에서 A 부분만 거꾸로 뒤집어 올리세요.

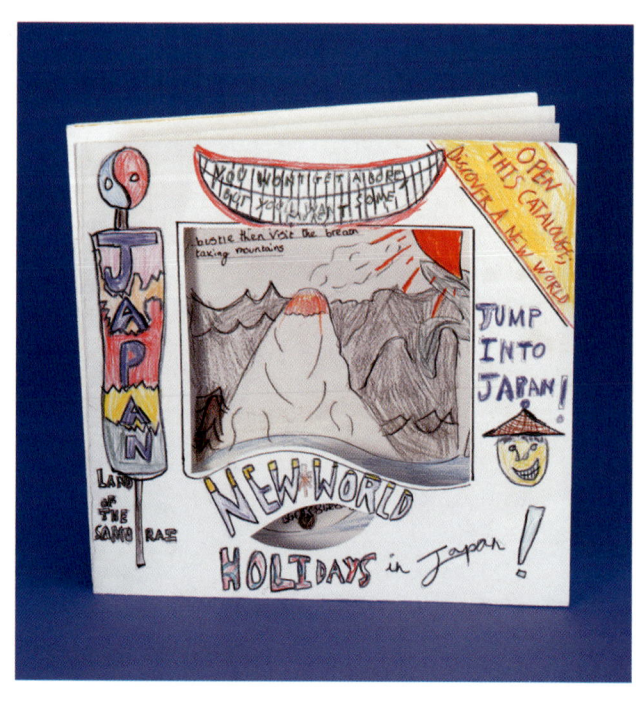

우선, 한 아이가 시선을 끌 만큼 훌륭하게 표지를 디자인했습니다. 그리고 다른 아이가 책 크기보다 조금 작게 표지 틀을 따라가며 그림과 글을 함께 넣어 꾸몄습니다. 면의 빈 공간에 그림을 그려넣고, 그 그림 주위에 글자도 써넣었습니다. 표지를 완성시킨 후 3쪽에 풀칠을 해서 붙였습니다.

세번째 아이가 고객에게 제공되는 특별 서비스 내용을 정리해 써넣었습니다. 4쪽과 5쪽에 풀칠을 해서 붙이고, 팝업 부분들을 보기 좋게 꾸몄습니다.

네번째 아이는 호텔에 갖춰진 편의 시설을 소개한 다음 6쪽에 붙이고, 호텔 방 문이 열렸다 닫혔다 할 수 있도록 꾸몄습니다.

반대쪽 면에는 다섯번째 아이가 휴가 때 필요한 물건들, 예를 들어 구급 상자나 외국 돈, 그리고 옷가지를 그렸습니다.

또 여섯번째 아이는 예약 신청서를 만들어 뒷표지에 붙였습니다.

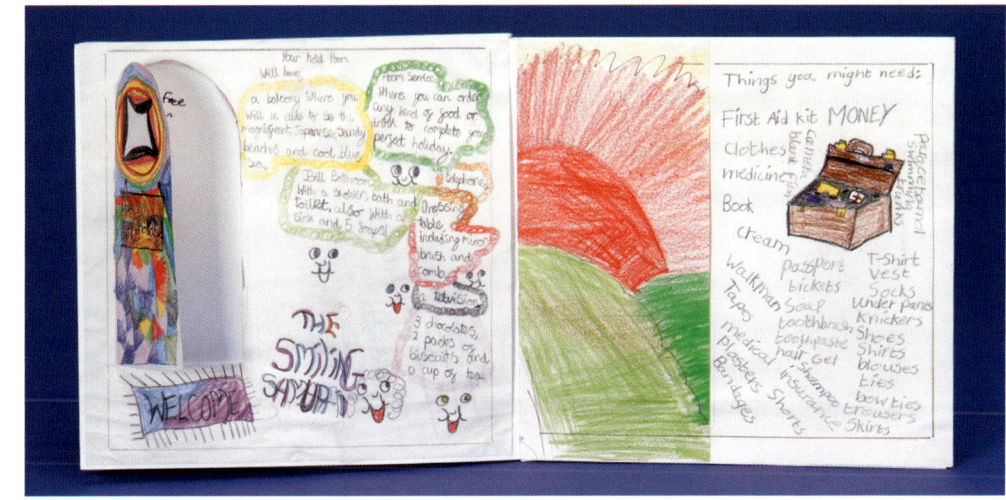

아이디어 몇 가지 더!

광고지와 정보지

여기서 만들어본 팜플렛 형식은 어떤 종류의 광고지나 정보지에도 모두 적용시킬 수 있습니다. 훌륭한 저택이나 근사한 문화 센터, 축구 클럽, 또는 가정용 재활용품 등을 널리 광고하고 싶을 때 사용할 수 있지요.

여행사에서 필요한 물건들

과제물을 빨리 끝낸 아이들은 여행사에서 만드는 수하물 꼬리표, 휴가용 포스터, 할인 쿠폰, 서류철 같은 것들을 디자인해볼 수 있습니다.

아이들로 하여금 글자 모양을 독특하게 만들어보거나 다양한 색깔로 포스터를 꾸며보게 하면 좋습니다.

18 · 초상화책

> **목표:** 아이들이 모두 참여하여 그림을 그리고 글을 써서 학급별 초상화책을 만듭니다.
>
> **준비 활동:** 아코디언 모양으로 책을 만들 수 있도록 긴 직사각형의 종이를 준비했습니다. 그리고 아이들이 표지를 만들고 본문 용지를 붙일 때 도와주었습니다.

이렇게 만들어보세요

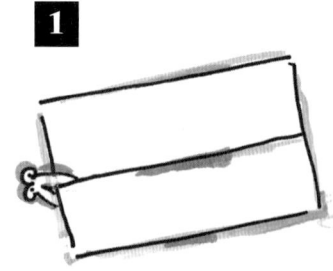

A3(42×29.7cm) 크기보다 좀더 큰 종이를 준비해서 가로로 2등분해서 오리세요(여기서 종이 크기는 전체 책의 크기를 생각해서 알맞게 조절하면 됩니다 : 옮긴이).

오려낸 종이 한 장을 준비한 뒤, 오른쪽 끝부분을 1cm 정도 접으세요.

오른쪽 끝부분을 뺀 나머지 부분을 4등분해서 아코디언 모양으로 접으세요.

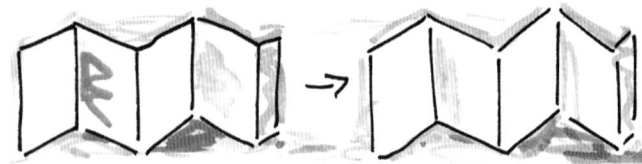

똑같은 방법으로 또 한 장을 접은 뒤 오른쪽 끝부분에 풀칠을 해서 하나로 이으세요. 필요한 만큼 계속해서 이어붙이면 됩니다.

이렇게 활동하세요

책상 한가운데 꽃이나 나무, 장식물을 놓고 아이들에게 빙 둘러앉으라고 하세요. 그런 다음 아이들에게 종이를 나눠주는데, 그 종이는 책의 밑바탕이 되는 종이에 비해 상하좌우의 크기가 4cm 정도 작은 것으로 준비합니다. 아이들로 하여금 종이의 절반 아래쪽에 책상 위에 놓인 정물을 그리도록 하세요. 그리고 종이의 절반 위쪽에는 영감을 살려서 정물과 대비되는 인물의 초상화를 그립니다. 상상력을 발휘하여 배경 그림도 근사하게 꾸미면 좋겠지요. 다 완성했으면 똑같은 크기의 종이를 다시 한 장 준비해서 그림을 알맞게 설명하는 글을 쓰도록 하세요.

이렇게 해서 완성된 작품은 크기가 좀더 큰 색깔 종이 위에 하나씩 붙이세요. 전체 책 모양은 아코디언 형태로, 그 안에 그림 작품과 글 작품을 붙이면 됩니다.

아이들이 글을 쓸 때마다 그 끝부분에 '이 사람에겐 ~라고 불리는 친구가 있었다'와 같은 문장을 써서 곧이어 등장하게 될 사람을 소개하는 식으로 구성했습니다.

책표지를 만들어보세요

1

아코디언 형태의 본문 종이보다 조금 더 크고 두꺼운 종이를 준비해서 두 조각으로 자르세요. 그리고 4cm 폭의 종이를 한 장 더 준비하세요(나중에 책등이 되는 부분입니다).

2

그림과 같이 A3 크기의 종이 위에다 앞의 **1** 에서 준비한 것들을 살짝 풀칠해서 붙이세요. 전체 좌우상하 여백은 2cm로, 종이 사이의 여백은 0.5cm로 한 다음 나머지 필요없는 부분을 잘라내세요.

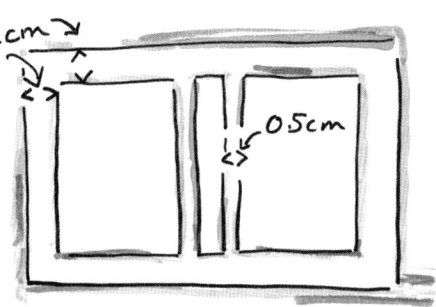

3

그림과 같이 모서리 부분을 비스듬히 자르세요.

4

안쪽에 놓인 종이들을 감싸듯이 접은 후 풀칠해서 붙이세요. 그리고 책표지 모양으로 잘 접으세요.

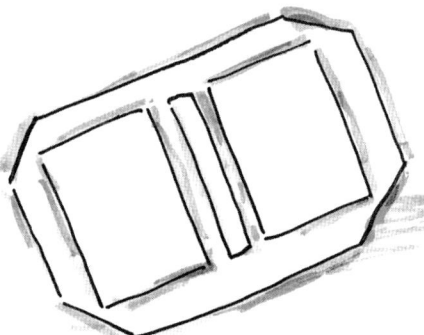

5

옆의 그림처럼 책등 부분에 붙일 종이를 준비하세요. 종이를 다 붙인 후에는 겉표지와 함께 잘 접어 올리세요.

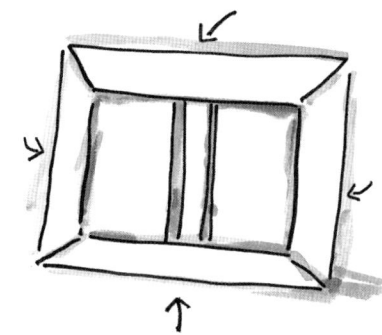

6

본문 용지의 첫째 면과 마지막 면에 풀칠을 해서 책 안에 붙이세요.

아이디어 몇 가지 더!

주제가 있는 책

앞의 방법대로 학급 아이들이 모두 참여해 한 면씩 맡으면 어떤 종류의 모둠책도 다 만들 수가 있습니다. 예를 들어 '로마에 관한 모든 것' 또는 '아프리카 마을 사람들의 생활' 같은 역사나 지리를 주제로 해서 책을 엮을 수 있지요. 또 글쓰기나 미술 시간에도 독특한 연구 작품을 만들어낼 때 이용하면 좋습니다. '내 인생에서 가장 즐거웠던 순간들', '가장 무서웠던 경험', '20년 후 나는 어떤 일을 하고 싶은가?' 와 같은 주제를 선택해서 아이들 모두 한 면씩 맡아 글을 쓰고 그림을 그리게 하면 됩니다.

내 손으로 그리는 우리들의 초상화

아이들 스스로 자기가 그리고 싶은 모델을 설정해서 그의 모습을 그리고, 또 설명을 붙일 수도 있습니다. 자신이 좋아하는 친구나 짝꿍을 인터뷰해서 그 친구가 제일 좋아하는 것, 싫어하는 것, 또 좋아하는 운동이나 가수, 집에서 키우는 애완동물에 관한 것 등등 자세한 특징을 뽑아내 책으로 엮는 것이지요. 아이들의 작업 과정에 함께 참여해서 수업 중에 벌어지는 재미있는 일들을 기록으로 남기세요.

주의하세요!

- 종이를 붙이거나 표지를 만들 때 풀칠을 하게 되는데, 이 때 가능하면 풀칠을 아주 조금만 하도록 주의하세요.
- 풀칠한 부분을 눌러줄 때에는 큰 종이를 얹어놓고 손으로 문지르세요. 그래야 손자국이 남지 않고 깨끗해지니까요.

19 · 배 모양의 팝업 책

> **목표:** 섬세한 기술과 예술 감각, 그리고 글쓰기 솜씨를 결합하여 배 모양의 팝업 책을 만듭니다.
>
> **준비 활동:** 아이들 스스로 종이를 접고 잘라서 배의 부속품을 전부 만들었습니다. 나는 책표지를 만들었으며, 학급별로 책을 엮어주기 위해 아이들의 작품을 전부 한데 모았습니다.

이렇게 활동하세요

먼 옛날부터 이루어져왔던 여행의 역사를 공부하게 되면 이 배 모양의 팝업 책을 만드는 데 도움을 많이 받을 수 있습니다. 하지만 역사적인 내용으로 꾸밀지, 아니면 과학적인 내용으로 꾸밀지, 또는 허구적인 상상의 이야기를 다룰지는 아이들과 함께 의논해서 결정하세요. 그리고 글을 쓸 때 글의 시점이 과거인지, 현재인지, 미래인지에 대해 논의하세요.

아이들은 참고 문헌, 비디오, CD-ROM 등을 활용해서 기초 자료를 수집할 수 있겠지요. 아이들로 하여금 사전을 뒤져 '배'라는 단어의 의미를 정확히 파악하도록 이끌어주세요. 그리고 '배'와 관련된 단어를 전부 찾아서 단어 사전을 만들어도 좋습니다.

작품으로 들어가기 전에 A4(29.7×21cm) 용지를 가지고 연습삼아 배를 만들어보게 하세요. 그런 다음에 A3(42×29.7cm) 크기의 종이를 준비해서 두 배 크기의 완성품을 만들기 시작합니다. 우선 배의 기본적인 틀을 디자인하고 책에 들어갈 내용을 정리하세요. 또 전체를 짜맞추어 합치기 전에 사람이나 돛 같은 것도 만들어서 양면에 그림도 그리고, 배에 붙일 조각들을 보기 좋게 꾸미세요.

이렇게 만들어보세요

1

A4 크기의 종이를 세로로 2등분해서 오리세요.

2

오려낸 종이 한 장을 2등분해서 접었다가 다시 펴세요. 이것이 책의 기본 틀이 됩니다.

3

본문 용지보다 작은 크기의 종이를 준비한 뒤 가로로 2등분해서 오리세요. 그리고 종이의 오른쪽 끝부분을 조금 접어주세요.

젬마(9세)가 만든 아주 근사하고 훌륭한 배. 같은 반 아이들과 함께 엮은 책 속에 팝업 형태로 들어 있습니다.

4

3 에서 접어두었던 끝 부분에 풀칠을 해서 고리 형태로 연결하세요.

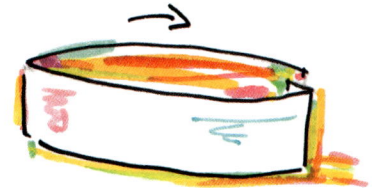

5

고리를 평평하게 접은 다음 아랫부분의 양쪽을 그림과 같이 가위로 오리세요. 그러면 뾰족하게 꼬리 부분이 만들어집니다.

6

꼬리 부분의 바깥쪽에 풀칠을 하세요. 그런 다음 중앙선에 가깝게 얹어놓은 후 종이를 접어 내려 꾹 눌러주세요(꼬리 부분의 끝선을 책의 중앙선에 맞추어 붙여도 됩니다 : 옮긴이).

7

접었던 종이를 다시 펼치면 배의 몸체가 팝업 형태로 나타납니다.

8

남은 종이로 선실과 돛대, 그리고 돛을 만들어 배에 붙이세요. 책을 덮었을 때 밖으로 빠져나오지 않도록 길이를 잘 조절하세요.

아이디어 몇 가지 더!

여러 종류의 배 만들기

고기 잡는 어선, 화려한 고급 요트, 또는 작은 경주용 요트 같은 다양한 종류의 배를 디자인해보세요. 배에 관한 참고 문헌을 통해 아이들이 여러 가지 모양의 선체와 항해 장비를 살펴볼 수 있도록 도와주세요. 아이들이 팝업 부분을 능숙하게 만들 수 있게 되면 돛대에 매달린 깃발이나 갑판, 선실에 붙일 세밀한 장식을 디자인해보도록 하세요.

여러 작품을 한 권의 책으로 묶어줄 때는

아이들이 만든 팝업 작품을 한데 모아 두꺼운 책표지로 양장본을 만들어주면 아주 좋습니다(자세한 내용은 이 책의 45쪽 참조). 책으로 묶으려면 팝업 작품을 이어 붙여야 하는데, 이때는 앞 작품의 오른쪽 뒤와 그 다음 작품의 왼쪽 뒤에 풀칠을 해서 하나로 붙이세요.

나도 디자이너!

● 돛이나 깃발 등 배에 붙일 팝업 부분들은 배를 세운 상태에서 하지 말고 납작하게 펼쳐진 상태에서 붙이세요.
● 선체의 높이를 낮게 하면 그 위에 선실과 돛을 설치할 공간이 넓어집니다.
● 선체의 높이를 조절하고 싶을 때는 고리 부분에서 만든 꼬리(만드는 방법 3 ~ 6 단계 참조)를 조절하면 됩니다. 선체를 높게 만들고 싶으면 꼬리를 본문 용지의 중심선에서 가깝게, 반대로 낮게 만들고 싶으면 꼬리를 중심선으로부터 멀리 붙이면 됩니다.(옮긴이)

20 · 배 모양의 광고지

목표: 앞에서 만든 배 모양의 팝업 책을 널리 홍보할 수 있는 팝업 광고지를 만듭니다.

준비 활동: **4** 단계까지 아이들이 접고 자르고 모양을 만들었습니다. 나는 돛대와 돛을 만들 때 필요한 길다란 종이를 아이들에게 나눠주었습니다.

이렇게 활동하세요

독자들의 관심과 호기심을 끌 만한 광고 문구를 만들려면 어떻게 해야 하는지 아이들과 의견을 나누세요. 가능하면 참신하고 재치 넘치는 광고 문안을 떠올리도록 이끌어주세요. 우선 광고 문구에 쓸 수 있는 단어를 10개 정도로 제한해서 세 줄짜리 광고 문구를 만들어보게 합니다. 그런 다음 앞에서 만든 배 모양의 팝업 책(46~47쪽 참조)을 가장 효과적으로 홍보할 수 있는 광고 문구를 고르도록 하세요.

처음엔 A4(29.7×21cm) 크기의 종이를 준비해서 연습을 해보게 한 다음, A3(42×29.7cm) 종이를 가지고 본격적으로 만들어봅니다. 글과 그림을 넣어 광고지를 완성하고, 표지는 맨 나중에 꾸미세요.

이렇게 만들어보세요

1 준비한 종이를 4등분으로 접었다가 다시 펼치세요.

2 세로로 반 접은 후 그림과 같이 아랫면을 둥글게 오립니다.

3 가로로 오린 부분을 비스듬히 접었다가 다시 펼치세요.

 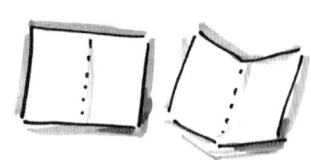

4 종이를 가로로 반 접은 후 안쪽 면을 펼쳐 팝업 부분을 밖으로 빼내세요.

5 돛을 만들 수 있도록 종이를 잘라낸 다음 반으로 접으세요.

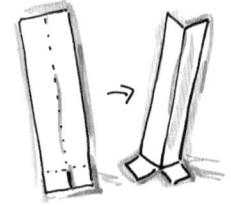 

6 그림과 같이 돛대 부분의 아랫면을 접어 가위로 오리세요.

7 카드의 팝업 부분에 돛대와 돛을 풀칠해서 붙이세요. 팝업 부분을 펼쳤을 때 돛대가 똑바로 세워지는지 확인하세요.

주의하세요!

● 카드를 접었을 때 배와 돛대가 밖으로 빠져나오지 않도록 주의하세요.
● 돛을 너무 크게 만들면 돛대가 쉽게 구부러질 수 있으므로 조심하세요.

알렉스(9세)는 광고지에 아주 간단한 광고 문구를 넣었습니다.

21 · 날개형 광고지

목표: 자선 단체를 홍보하고 기부금 모금을 위한 날개형 광고지를 만들어봅니다.

준비 활동: 광고지를 자르고 접어 아이들에게 나눠주었습니다.

이렇게 활동하세요

자선 단체 홍보지에 넣으면 좋을 만한 헤드라인 문구를 생각해보라고 하세요. 그리고 읽는 사람의 마음을 움직여 동정심을 불러일으키고 양심의 가책을 느끼게 하고, 동시에 희망을 가질 수 있도록 하려면 어떻게 해야 할지 여러 가지 방법을 의논해보세요.

광고지의 앞표지를 어떻게 꾸미면 좋을지 의논하세요. 광고지 안쪽은 이렇게 해봅니다. 왼쪽 면의 날개 부분은 부잣집 아이의 여행 가방으로, 또 오른쪽 면의 날개 부분은 가난한 집 아이의 여행 가방으로 꾸밉니다. 그런 다음 두 개의 가방 속에 어떤 물건이 들어 있을지 상상해보라고 합니다. 아래쪽의 비어 있는 공간에는 '왜, 그리고 어떻게 자선 단체에 기부해야 하는가?'를 주제로 해서 글을 써봅니다. 두 명씩 모둠을 짓거나, 아니면 아이들 전부 힘을 합쳐 사람들이 자선 단체에 기부하게끔 설득할 수 있는 여러 가지 정보를 실어줍니다. 이때는 가능하면 짧고 명확한 문장으로 글을 쓰게 하세요.

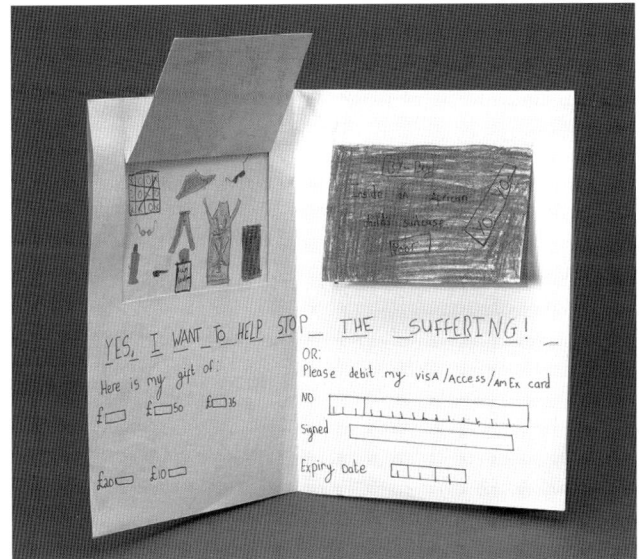

에릭(9세)은 부잣집 아이의 여행 가방과 물건들은 화려한 색깔로 그린 반면, 가난한 집 아이의 가방 속에는 물건도 몇 개 그려넣지 않았으며 물건을 그릴 때도 연필로 윤곽선만 그렸습니다.

이렇게 만들어보세요

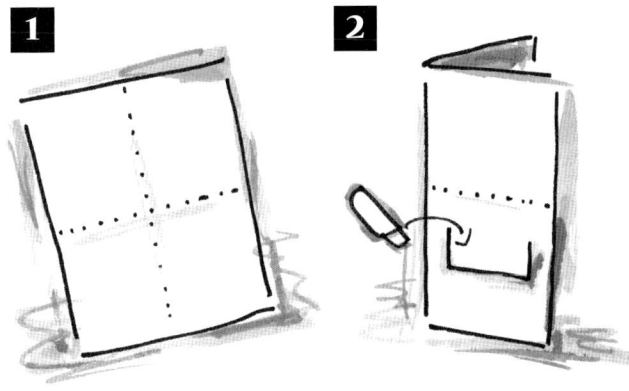

A3 크기의 종이를 4등분해서 접었다가 다시 펼치세요.

종이를 세로로 반 접은 후 그림과 같이 아랫면의 양쪽에 칼집을 내세요.

종이를 다시 펼쳐 아래로 내려 접으면, 옆의 그림처럼 위로 들어올렸다 아래로 내렸다 할 수 있는 날개형 카드가 만들어집니다.

아이디어 몇 가지 더!

올렸다내렸다 할 수 있는 날개형 모양은 수수께끼 카드나 책, 또는 시간의 흐름에 따라 변화하는 모습을 보여주는 비포 앤 애프터(before-and-after) 형태의 책을 만들 때에도 이용할 수 있습니다. 비포 앤 애프터 형태는 환경 오염의 실태를 보여주는 생태 관련 주제를 다룰 때 아주 효과적일 것입니다. 방문처럼 열었다 닫았다 하는 형태는 놀이 공원이나 바닷가의 휴양지, 혹은 생일 파티 장면을 표현할 때 이용하면 매우 좋겠지요.

나도 디자이너!

● 소집단으로 작업하면 아이들이 직접 종이를 잘라보게 할 수도 있으므로 훨씬 재미있게 활동할 수 있겠지요.

22 · 나만의 비밀 일기장

> **목표:** 종이 자물쇠가 달려 있는 책에 상상의 일기를 써 봅니다.
>
> **준비 활동:** 나는 종이를 접고 잘라서 아이들에게 나눠 주었고, 아이들은 그걸 가지고 책을 완성시켰습니다. 또 자물쇠와 자물쇠 구멍을 만들 수 있는 종이를 나눠 준 다음 아이들로 하여금 종이를 엮어 자물쇠를 직접 만들어보도록 했습니다.

이렇게 활동하세요

'나는 ~했다' 식의 1인칭 시점으로 글을 쓴다는 것이 무엇을 의미하는지 설명해준 다음 아이들에게 아주 익숙한 이야기를 한 편 고릅니다. 그리고 나서 그 이야기를 주요 인물의 일기로 바꾸려면 어떻게 해야 하는지 의논하세요. 그러면 아이들은 하나의 인물을 정해서 그 인물의 시각에서 일기를 쓰게 될 것입니다. 그 인물은 동물이 될 수도 있고, 심지어는 무생물이 될 수도 있겠지요. 아이들이 일기장 안에 어떤 내용을 담을지 생각해낼 때 사람들이 흔히 하는 행동, 잘못될 수 있는 일들, 또는 우연찮게 나타날 수 있는 의외의 인물들을 목록으로 만들 수 있습니다. 그 목록을 바탕으로 일기의 줄거리를 쓰게 하면 됩니다.

책의 앞표지에는 제목을 씁니다. 그리고 월요일에서 토요일까지 일기 내용이 쭉 이어집니다. 그리고 맨 마지막 면에는 일요일에 있었던 일을 기록합니다. 각 면의 왼쪽에는 아침, 오후, 저녁, 밤으로 나눠 일기를 쓰고 오른쪽에는 그에 알맞은 그림을 그립니다.

이렇게 만들어보세요

1

A2(59.4×42cm) 크기의 종이를 준비한 다음 가로로 반 접은 후, 그 중심선에 맞춰 양쪽을 접었다가 다시 펴세요. 다시 종이 전체를 펼친 후 세로로 반 접은 다음, 이번에도 중심선에 맞춰 양쪽을 접었다가 펼치면 그림과 같이 됩니다.

2

16등분으로 접힌 상태에서 옆의 그림처럼 왼쪽, 오른쪽, 왼쪽으로 번갈아가며 가로로 오리세요.

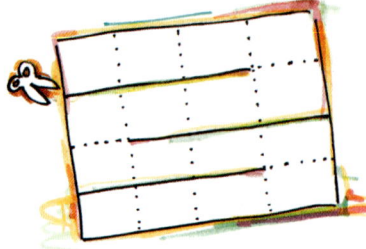

3

그림과 같이 맨 위쪽부터 지그재그로 접으세요. 한 면을 다 접었으면 뒤쪽으로 넘겨 접은 후 다시금 지그재그로 접으면 됩니다.

4

이렇게 하면 본문 용지가 모두 16쪽짜리로 이루어진 책이 만들어집니다.

마리아나와 엘리자베스(9세)가 함께 만든 『리지의 모험 일기』입니다.

5

A2 용지의 짧은 면에 맞춰 종이를 길다랗게 자르세요.

자물쇠를 예쁘게 만들어볼까요?

6

4 번까지 만든 본문 용지를 잘 접어서 책 모양을 만든 후, 앞표지와 뒷표지가 될 면에 각각 두 군데씩 칼집을 내세요.

자물쇠 부분을 예쁜 리본으로 만들어 묶어보세요. 책을 덮을 때는 리본 모양으로 묶고, 반대로 책을 열 때는 리본을 풀면 됩니다.

길다랗게 잘라낸 종이를 2장 준비해서 예쁘게 엮어보세요. 그런 다음 자물쇠 부분에 끼우면 됩니다.

7

5 에서 만든 길다란 종이를 그림과 같이 앞표지와 뒷표지의 칼집 부분으로 집어넣으세요. 이렇게 하면 책 등이 자연스럽게 만들어질 것입니다.

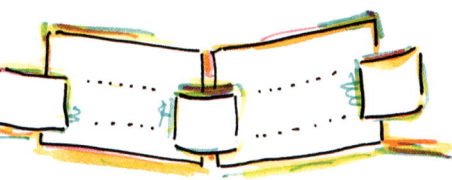

아이디어 몇 가지 더!

나의 하루 생활

상상의 인물이 아니라 자신의 일기를 직접 쓸 수도 있겠지요. 그날 있었던 일 중에서 가장 기분 좋았던 것, 또 가장 기분 나빴던 것은 무엇이었는지, 그리고 자신의 취미나 관심사에 대해서, 또는 가장 좋아하는 학과목에 대해서도 쓸 수 있을 것입니다.

8

책을 다시 접은 다음, 책 바깥으로 빠져나온 부분에 칼집을 내어 종이를 끼우세요.

『리지의 모험 일기』에 나오는 한 대목. 강도가 등장해 주인공의 마술 자전거를 훔쳐 달아나고 있습니다. 하지만 그 주가 끝나기 전에 강도는 비극적인 결말을 맞이합니다.

25 · 비밀의 문 책

> **목표**: 책의 모든 면들이 여닫이문을 통해 연결되는 책을 모둠별로 만들어봅니다.
>
> **준비 활동**: 여닫이문이 달린 면을 만들고 글쓰기와 그림그리기에 알맞은 크기로 종이를 잘랐습니다.

이렇게 활동하세요

영국 작가 존 R. 톨킨이 쓴 책 『호비트』 중에서 빌보 배긴스의 집이 묘사되어 있는 첫머리 부분을 아이들에게 읽어주세요. 그런 다음 이제부터 여러 가지 다양한 종류의 문을 디자인하고 만들어볼 거라고 얘기합니다. 또한 그 문 뒤에 어떤 물건이 놓여 있을지에 대해서도 아주 자세하게 말해주세요. 다양한 종류의 문을 찍어놓은 사진들을 보여주고 아이들로 하여금 어떤 문을 만들면 좋을지 자유롭게 상상할 수 있도록 이끌어주세요. 과연 아이들은 문을 보면서 그 문 뒤에 어떤 것들이 있을 거라고 얘기할까요? 그리고 문을 어떤 식으로 그려낼까요?

종이 한 장을 준비한 뒤 거기에 방을 묘사하는 글을 쓴 다음 첫번째 면의 왼쪽에 붙이세요. 그리고 오른쪽에는 문과 문을 둘러싼 공간을 멋지게 장식하세요. 책의 본문 용지보다 조금 작게 종이를 자른 다음 문 뒤쪽에 있는 방을 꾸밉니다(이것은 나중에 그 공간에 붙이도록 합니다). 그리고 방의 나머지 부분은 문이 달려 있는 면의 뒤쪽에 그리도록 하세요.

이렇게 만들어보세요

1

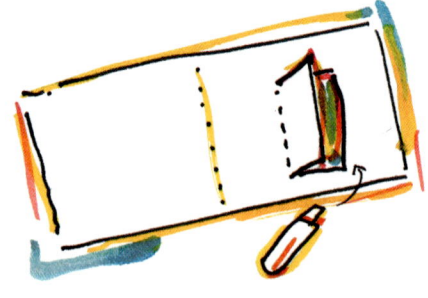

A2(59.4×42cm) 크기의 종이를 준비한 후 세로로 2등분해서 오리세요. 그런 다음 다시 가로로 반 접었다가 다시 펼치세요. 그리고 면의 오른쪽 한가운데에 칼집을 내서 문을 만드세요.

2

방 안의 풍경이 그려진 종이를 풀칠해서 다른 아이가 만든 작품의 맨 앞면에 붙이세요. 그리고 길다랗게 종이를 잘라 접은 후 각각의 면들이 서로 이어지도록 풀칠해서 붙이세요. 맨 마지막 아이의 작품은 끝에 남아 있는 빈 공간에 붙이면 됩니다.

물이 가득 담겨 있는 양동이가 문 위에 숨겨져 있네요. 아마 이 문으로 들어오는 누군가에게 물세례를 내릴 모양입니다.

아이디어 몇 가지 더!

문을 좀더 재미있게 꾸며볼까요?

예쁘게 장식한 열쇠 구멍, 뚜껑이 열려 있는 우편함, 똑똑 노크할 수 있는 문고리, 또는 이런저런 장식물이 달려 있는 문으로 꾸민다면 훨씬 재미있을 것입니다.

주의하세요!

● 문을 만들 때는 각각의 문들이 똑같은 높이에서 한 줄로 쭉 늘어설 수 있도록 위치를 잘 잡은 다음 주의해서 자르세요. 그래야 책을 펼쳤을 때 여러 개의 문이 똑같은 위치에 놓일 수 있으니까요.

책을 한 장 넘기니 정말이지 멋진 꿈의 침실이 등장하는군요. 소년의 방에는 음료수 자판기까지 완벽하게 갖춰져 있네요.

아코디언 모양의 비밀의 문 책

아코디언 모양의 비밀의 문 책은 상상 속의 집을 꾸밀 때 이용하면 아주 좋답니다. 면의 왼쪽에는 방에 대한 자세한 이야기를 쓰고, 오른쪽에는 문을 만든 다음 그 문을 통해 보이는 장면들을 그림으로 재미있게 묘사합니다. 내용이 길어질 때는 아코디언 모양의 종이를 더 접어서 붙이면 되겠지요.

1

종이를 아코디언 모양으로 접어 4쪽이 나오도록 하세요. 그런 다음 두번째, 네번째 면에 칼집을 내어 문을 만드세요.

2

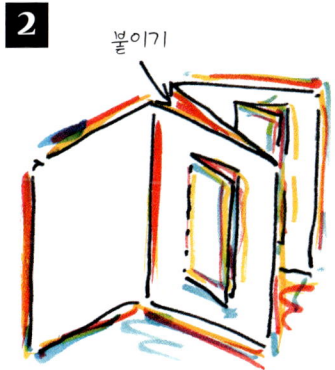

두번째 면과 세번째 면의 뒤쪽에 풀칠을 해서 붙이세요.

3

4면짜리 책을 만들려면 종이 한 장을 더 준비해서 맨 마지막 면의 뒤쪽에 풀칠을 해서 붙이세요. 면수를 더 많이 하고 싶을 때는 아코디언 모양의 종이를 더 접어 맨 뒤에 붙여나가면 됩니다.

26 · 재미있는 취미책 1

> 목표: 루스리프 방식의 책(a loose-leaf book : 페이지를 마음대로 뺐다 끼웠다 하게 되어 있는 책)을 만들어, 그 안에 개인적인 관심사나 취미를 주제로 해서 글을 쓰고 그림을 그립니다.
>
> 준비 활동: 루스리프 방식의 책표지를 만들었으며, 책 크기에 알맞게 본문 용지를 잘랐습니다. 아이들은 내용을 완성시킨 다음 책 속에 끼워넣었습니다.

이렇게 활동하세요

이 책을 만들기 1~2주 전에 아이들이 어떤 주제로 해서 책을 만들 것인지 결정하고, 그에 필요한 자료들을 차근차근 수집해놓도록 얘기해줍니다. 아이들이 가지고 있는 우표책이나 토끼 기르는 법이 나와 있는 참고 문헌, 또 여러 가지 사진과 그림 등을 통해 자료를 수집할 수 있을 것입니다.

아이들과 함께 여러 종류의 실용서들을 살펴보면서 그 책들이 독자들의 이해를 돕기 위해 구체적으로 어떻게 구성되어 있는지 연구해보세요. 예를 들어 네모난 상자들은 어떤 경우에 사용되고 있는지, 내용을 강조할 때는 어떤 식으로 구성하고 있는지, 또 글자 크기와 스타일은 어떤 형태로 이루어져 있는지 등등. 주로 책의 앞부분에 있는 차례와 끝부분에 있는 용어 해설 또는 색인 등을 살펴보면서 책이 어떤 방식으로 배열되는지도 알아보세요. 그런 다음엔 아이들로 하여금 책제목과 도표, 그림 등을 어떤 형태로 배치할지 계획해보게 합니다. 본문이 완성되면 계획했던 차례대로 배열하고 다시 한번 확인하세요(만약 마음에 들지 않는 부분이 있으면 다시 수정할 수 있겠지요). 그리고 나서는 본문 내용을 다시 읽어보면서 용어 해설과 색인 목록을 만들어나갑니다. 이 작업이 모두 끝나면 맨 마지막으로 책표지를 디자인해서 책을 완성시키세요.

이 책의 주제는 전적으로 아이들이 결정합니다. 60쪽에 나와 있는 '재미있는 취미책 2'는 아이들이 좀더 다양한 주제로 책을 만들어볼 수 있는 기회를 제공할 것입니다. 또한 그 동안 배웠던 책 만드는 기술을 더 연습해보는 기회도 될 것입니다.

책표지를 만들어보세요

1

A2(59.4×42cm) 크기의 용지를 준비한 다음 가로로 반 접으세요.

2

그 상태에서 이번엔 세로로 반 접으세요.

3

책등 부분을 만들기 위해 그림과 같이 왼쪽 끝부분을 4cm 폭으로 접으세요.

4
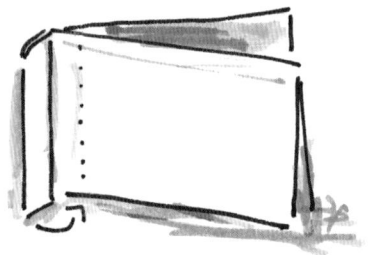

왼쪽 끝부분을 2등분해서 접은 후 다시 펼치세요.

5

책등 부분을 그림과 같이 접은 선에 따라 지그재그로 접으세요.

본문 용지를 만들어보세요

1

A4(29.7×21cm) 크기의 종이를 준비한 다음 한쪽 끝 부분을 4cm 폭으로 잘라내세요. 본문 용지는 전부 이렇게 잘라줍니다(재단기를 사용해서 잘라내도 됩니다).

2

그림과 같이 본문 용지들을 책등 한가운데의 접힌 부분에 끼워넣으세요.

3

클립을 사용해서 본문 종이를 고정시키세요. 책표지를 덮어주면 이 부분이 살짝 감춰져 보이지 않게 되지요.

아이디어 몇 가지 더!

책을 만들기 전에 편집계획표를 짜보세요

복잡한 책을 만들 때는 맨 처음 내용을 구성하는 시점에서 편집계획표를 짜놓으면 도움이 많이 됩니다. 이때는 먼저 각 장의 제목을 쓰고 그 아래 간단하게 내용을 메모해둡니다. 소제목이나 그림, 도표, 차트 등을 어떤 면에 넣을지도 간략히 정리해서 적으세요. 이렇게 해놓으면 아이들이 초고를 쓰면서 본문 내용이나 그림, 도표 등이 알맞은 자리에 적당하게 들어갔는지 다시 한번 살펴볼 수가 있습니다.

주의하세요!

- 아이들이 책을 만들 때는 반드시 완성된 페이지들을 앞에 놓고 수시로 살펴보면서 책의 전체적인 구성이나 필체 등이 일관성을 잃지 않도록 지도해주세요.
- 글과 그림이 서로 균형을 이루어 책 전체가 조화롭게 완성될 수 있게 잘 이끌어주세요.

마리아나(9세)가 얼마 전부터 취미 생활로 모으기 시작한 우표 수집을 주제로 해서 책을 만들었습니다.

27 · 아코디언 모양의 극장책

> **목표:** 아코디언 모양과 팝업 극장을 결합해서 새로운 형태의 책을 만듭니다.
>
> **준비 활동:** 2명씩 모둠을 짓게 한 다음, 각 모둠별로 **6**단계까지 만들어진 극장 무대를 나누어주었습니다. 그러면 아이들은 무대 배경과 장면을 만들어서 극장 무대에 붙였습니다. 또 아코디언 모양의 책을 접어 극장 무대에 덧붙였습니다.

이렇게 활동하세요

멸종될 위기에 놓인 동물이나 식물, 점점 심각해지고 있는 식량난, 또는 환경 오염과 같은 신문(또는 잡지) 기사를 아이들과 함께 읽으세요. 이때 아이들로 하여금 실제로 벌어진 사건과 그에 관한 논평(의견)이 서로 어떻게 다른지 구분해보게 합니다. 가능하면 한 주제에 관해 다양한 관점으로 쓰여진 기사들을 많이 읽어보게 하세요. 과연 아이들은 그 의견이 서로 어떻게 다른지 설명해낼 수 있을까요? 멸종 위기에 처한 동물과 그 서식지를 보호하기 위해 애쓰는 그린피스 같은 환경보호단체에 대해 의견을 나눠보세요.

2명씩 모둠을 짜서 그린피스 같은 환경보호단체에서 일하는 사람들에 관해 즉흥적으로 이야기를 꾸며보도록 합니다. 그런 다음 한 아이는 배경을 그리게 하고, 또 한 아이는 구체적인 장면을 디자인해보게 이끌어줍니다. 그렇게 해서 만들어진 배경과 장면을 극장 무대에 붙입니다. 한 아이가 배경과 장면을 구상해서 꾸미는 동안 다른 아이는 그에 알맞은 글을 씁니다. 이런 식으로 두 아이가 역할을 바꿔가면서 책을 완성시키면 됩니다.

극장 무대를 만들어보세요

1

A3(42×29.7cm) 크기의 종이를 가로로 반 접어 오리세요. 그런 다음 오른쪽 끝부분을 1cm 폭으로 접으세요.

2

오른쪽 끝부분을 제외한 나머지 공간을 세로로 반 접었다가 다시 펼치세요.

3

끝을 1cm 접은 상태에서 종이의 오른쪽을 다시 4cm 폭으로 해서 안쪽으로 접으세요.

4

이번엔 왼쪽 끝을 오른쪽 끝에 맞춰 접었다가 다시 펼치세요.

5

그림과 같이 왼쪽 면에 커다란 창문을 만드세요. 칼로 네모 모양을 오려내면 됩니다.

6

오른쪽 끝부분에 풀칠을 해서 왼쪽 끝과 맞붙이세요.

7

극장 무대와 높이는 똑같고 가로폭은 2cm 더 큰 종이를 준비하세요. 그런 다음 양쪽 끝부분을 1cm 폭으로 접으세요. 이 종이는 무대 배경으로 쓰일 것이므로 윗부분을 그림에 알맞게 오려내세요.

8

7에서 만든 무대 배경을 극장 안에 붙이세요. 또 무대에 장치할 여러 가지 인물이나 배경, 그림을 완성한 뒤 하나씩 극장 무대에 붙여나가세요.

이렇게 만들어보세요

1

극장 무대를 꾸밀 때 했던 방법대로(58쪽의 1 ~ 2 단계) 종이를 접으세요.

2

종이를 접었으면 극장 무대의 옆면에 하나씩 붙이세요.

3

필요한 만큼 종이를 접어 그림과 같이 계속해서 이어 붙이면 됩니다.

4

전부 완성되면 극장 무대와 본문 용지를 그림과 같이 눌러 접어서 책 모양으로 만들어보세요.

아이디어 몇 가지 더!

간단한 극장 무대 만들기

극장을 만드는 좀더 단순한 방법은 무대 배경을 과감히 생략하는 것입니다. 이렇게 하면 보는 사람이 뒤쪽 면에 붙어 있는 배경 그림까지 창문을 통해 한눈에 볼 수 있습니다.

나도 디자이너!

- 뒷배경까지 잘 보일 수 있도록 무대 공간을 충분히 잘라내세요.
- 극장 무대와 배경 그림을 칠할 때 서로 대비되는 색깔을 사용하세요. 그래야 둘 다 눈에 잘 띄니까요.

암나와 사라(10세)가 함께 만든 동물 보호에 관한 책으로, 무대 왼편에 종이를 한 장 덧붙여 책제목을 적었습니다.

30 · 2차 세계대전 책

> **목표:** 3면으로 이루어진 팝업 책을 만들어 역사적인 사건이나 이야기를 담아봅니다.
>
> **준비 활동:** 아이들을 소집단으로 나눈 다음, 본격적인 작업에 들어가기 앞서 기본책을 만들어보게 했습니다. 그리고 나서 제대로 된 팝업 책의 기본형을 만들어 나눠주었고 아이들은 그걸 가지고 접고 풀칠해서 작품을 완성했습니다.

이렇게 활동하세요

이 책에는 2차 세계대전 당시 영국의 연립주택에서 살았던 한 가족의 삶이 담기게 됩니다. 글을 쓸 때는 2차 세계대전에 대한 사실적인 정보를 써도 좋고, 아니면 당시 그 집에 살고 있었던 사람의 관점에서 1인칭으로 서술하는 글을 써도 좋겠지요. 우선 아이들과 함께 역사책, 정보서, 소설, 시집 등을 읽어보거나 나이 드신 노인분들께 직접 얘기를 들어보면서 적당한 주제를 찾으세요. 그리고 전쟁이 일어났을 때 사람들이 어떻게 생활했을지에 대해서도 이야기를 나누세요. "폭격을 피해 방공호 속에서 생활하게 된다면 어떤 기분이 들까?" "만약 우리 집이 폭파된다면?" 또 '등화관제'나 '참호 파기' '공습경보 해제'와 같은 전쟁 용어들을 목록으로 작성하기도 합니다. 우선 책 속에 팝업 부분을 붙이기 전에 글을 쓰고 그림을 그리도록 하세요.

이렇게 만들어보세요

1

A2(59.4×42cm) 크기의 용지를 준비해서 그림과 같이 '기본책'을 접으세요(이 책의 11쪽 참조). 그런 다음 윗선이 열려 있는 두 개의 면 중에서 한 쪽 면에 풀칠해서 완전히 붙이세요.

풀칠하기
풀칠하기

2

윗선이 열려 있는 나머지 한 면을 가위로 잘라 두 쪽으로 만드세요.

3

2에서 가위로 자른 두 면을 앞표지와 뒷표지로 해서 책 모양으로 접으세요.

리츠(10세)는 다양한 자료들을 수집해 충분히 검토한 후에 전쟁 당시의 집을 배경으로 정말 멋진 집을 완성했습니다.

밖에서 본 집 모양

책을 펼쳐보니 첫번째 면에는 2차 세계대전 당시의 전형적인 연립주택이 나타나는군요. 담벼락엔 "히틀러는 예고 없이 공격한다. 그러니까 항상 방독면을 갖고 다닙시다"라는 문구의 포스터가 붙어 있네요. 그리고 창문에도 그 당시처럼 접착 테이프가 붙어 있습니다.

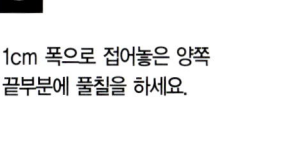

3 1cm 폭으로 접어놓은 양쪽 끝부분에 풀칠을 하세요.

풀칠하기

1

A5(21×14.8cm) 크기의 종이를 준비한 후, 그림과 같이 길이가 짧은 쪽의 끝을 4cm 정도 가위로 오려내세요.

2

종이를 가로로 반 접은 후, 양쪽 끝을 1cm 폭으로 접었다가 다시 펼치세요.

4

풀칠한 종이를 본문의 오른쪽 면 위에 붙인 후, 본문의 왼쪽 면을 접어서 덮으세요.

5

4 에서 접었던 본문을 다시 펼치면 그림처럼 집 모양이 앞으로 튀어나옵니다.

리츠는 팝업 부분을 전쟁 당시의 집 모양으로 꾸민 다음, 그 양쪽의 빈 공간에 글을 써넣었습니다. 이 책의 주인공인 조안도 소개하고, 집에 그려넣은 여러 가지 부분(접착 테이프가 붙여진 창문, 공습 대피소 등등)에 대해서도 자세히 설명하고 있습니다.

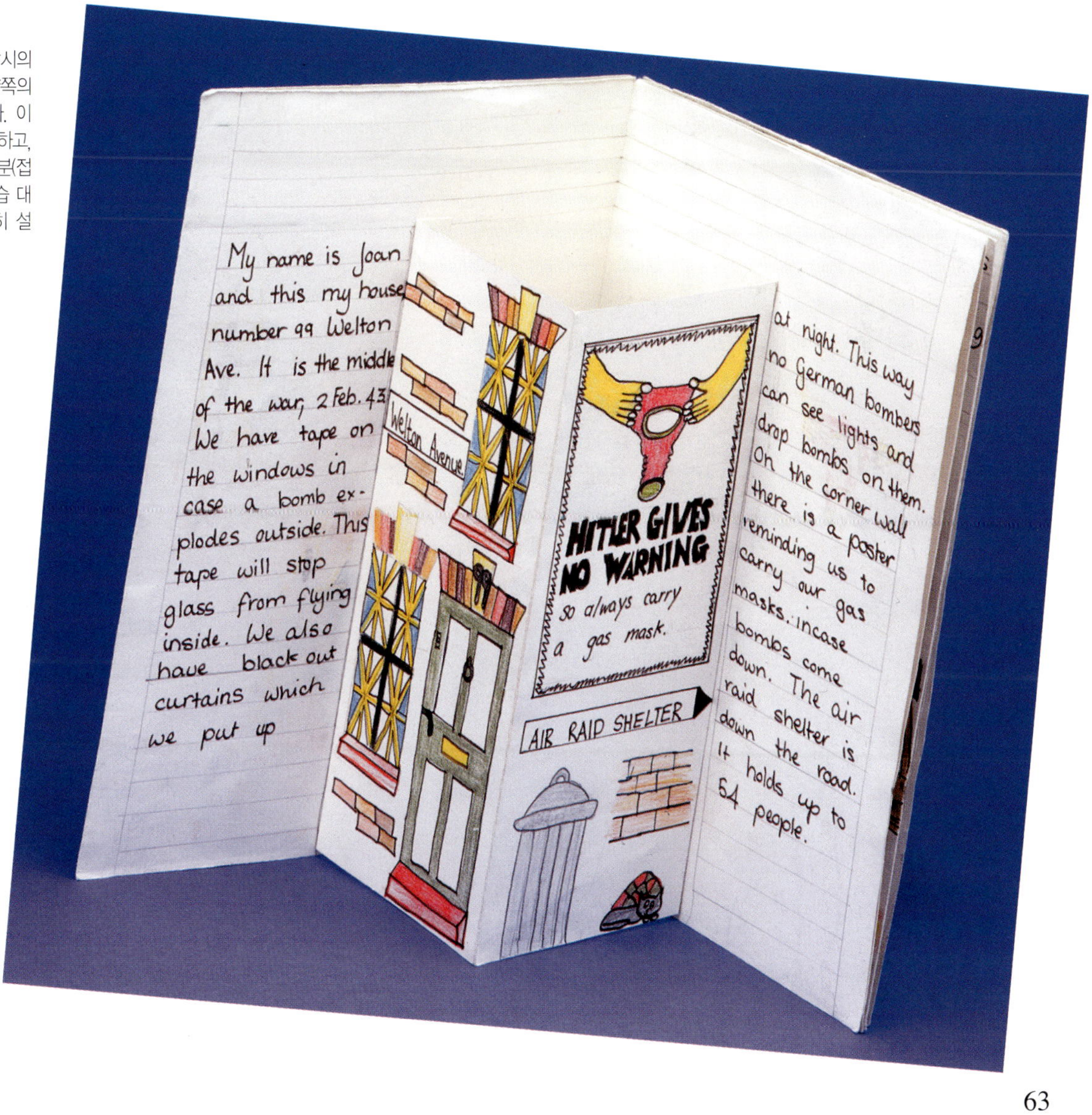

30 · 2차 세계대전 책 (계속)

집 안의 거실

책의 두번째 면에는 거실 풍경이 담겨 있습니다. 그 당시 사람들이 어떤 집에서 어떻게 생활했는지를 자세히 알아보려면 전쟁 유물 등이 전시되어 있는 박물관을 직접 견학해 보면 좋겠지요.

거실에 놓일 가구

의자와 테이블 세트를 팝업 모양으로 만들어 붙이면 거실 인테리어가 완성됩니다. 아이들이 본격적으로 거실을 꾸미기에 앞서 한두 번쯤 연습삼아 의자나 테이블을 만들어보도록 하세요. 이렇게 연습하고 나면 의자에 팔걸이를 붙인다거나 테이블 다리를 좀더 멋지게 만든다거나 하는 등 훨씬 정교하고 훌륭하게 거실 가구를 꾸밀 수 있을 것입니다.

1

A5(21×14.8cm) 크기의 종이를 준비해서 대각선으로 접으세요. 그런 다음 나머지 부분을 가위로 오려냅니다.

2

대각선으로 접었던 종이를 다시 펼친 후, 그림과 같이 꼭지점 부분을 세모 모양으로 조금 오려내세요.

1

A5 크기의 종이를 준비해서 길이가 짧은 면 쪽으로 종이를 오리세요.

2
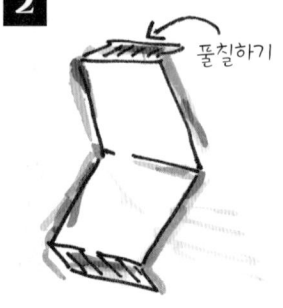
잘라낸 종이를 반으로 접은 후, 양쪽 끝에 풀칠할 부분을 접으세요.

3
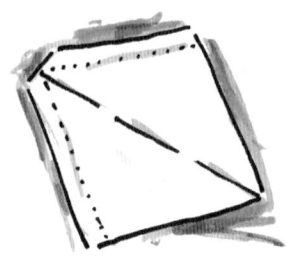
오려낸 꼭지점을 중심으로 해서 양쪽을 그림과 같이 접으세요.

4

종이를 대각선으로 반 접은 후 3에서 접었던 부분에 풀칠을 하세요.

3

그림과 같이 오른쪽 면의 벽과 바닥에 2의 종이를 붙이세요. 그리고 조심스럽게 책을 접으세요.

4

책을 다시 펼치면 테이블이 앞으로 톡 튀어나오게 됩니다.

5

풀칠한 종이를 그림과 같이 오른쪽 면의 아래쪽에 붙인 후 왼쪽 면을 덮으세요.

6
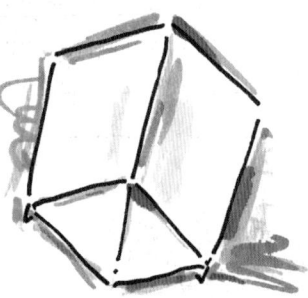
덮었던 종이를 다시 펼치면 그림과 같이 거실 바닥이 완성됩니다.

5
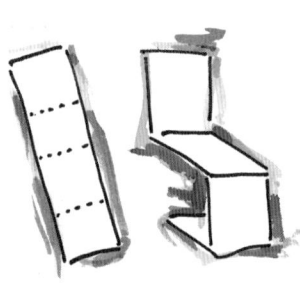
이번엔 종이의 폭을 좀더 작게 해서 오린 다음, 4등분으로 접으세요. 그리고 그림과 같이 의자 모양이 되도록 접으세요.

6

다 접은 종이를 책의 왼쪽 면 벽과 바닥에 붙이세요.

리츠가 꾸민 거실 풍경. 바닥엔 예쁜 깔개를 그려넣었고 테이블 위엔
라디오와 찻주전자가 놓여 있네요.

나도 디자이너!

● 작은 보관함을 만들어서 아이들이 제작한 소품과
부품을 담아놓으세요. 그래야 잊어버리지 않으니까요.
● 여분의 종이로 팝업 부분을 여러 번 연습해보도록
하세요.

앤더슨 씨네 가족이 숨어 있던 은신처

세번째 면에는 앤더슨 씨네 가족이 숨어 지내던 은신처를 만들었습니다. 마룻바닥은 거실을 만들 때와 똑같은 방법으로 제작했습니다.

폭격을 맞아 불타는 집

네번째 면에는 폭격을 맞아 무섭게 불타오르는 집을 표현하고 있습니다.

1

A5 크기의 종이를 준비해서 길이가 짧은 쪽으로 종이를 오리세요.

2

양쪽 끝에 풀칠할 부분을 접어놓은 후, 다시 아래쪽에 그림과 같이 3cm 폭으로 접으세요.

첫번째 면에서 만들었던 것과 똑같은 집 모양을 만들어 책에 붙이세요. 하지만 이번엔 폭격을 맞아 불타오르는 집을 표현해야 하니까 윗부분을 적당히 가로로 오려 폭격을 맞은 것처럼 꾸미세요.

3

양쪽 끝부분에 풀칠을 한 후, 마룻바닥과 오른쪽 벽에 그림과 같이 붙이세요.

4

종이를 다시 작게 오린 후 세 부분으로 접으세요. 그런 다음 양쪽 끝부분에 풀칠을 해서 마룻바닥과 왼쪽 벽에 붙이세요.

공습을 당해 뼈대만 앙상하게 남은 채 불타오르는 극적인 장면으로 책의 마지막을 꾸몄습니다.

앤더슨 씨네 은신처가 무척 아늑해 보이네요. 바닥에 놓인 깔개도 그렇고, '행복한 우리집'이라고 써 붙인 표지판이 은신처 같지 않게 아늑한 느낌을 줍니다.

31 · 모든 작업을 스스로 척척

> **목표:** 팝업 모양의 광고지를 만든 후, 그 안쪽에 기본 책을 붙여서 아이들이 만든 책들을 자세히 설명하고 홍보하는 내용을 담아봅니다.
>
> **준비 활동:** 아이들이 혼자 힘으로 인사말 카드를 자르고 접었으며, 안쪽에 들어가는 기본책도 만들었습니다.

이렇게 활동하세요

이 작업은 그 동안 아이들이 만들어놓은 여러 권의 책을 다시 한번 꼼꼼히 살펴볼 기회를 줄 것입니다. 우선, 아이들이 요즘 읽고 있는 책을 가져오게 해서 그 책표지에 인쇄되어 있는 광고 문구에 관해 의견을 나눠보세요. 그런 다음 평론가들이 했던 말 중에서 시선을 확 잡아끄는 인용구나 요약 부분, 또는 글귀들을 정리하세요. 이렇게 한 후에는 아이들로 하여금 안쪽의 기본책에 담길 서평 목록을 작성해보도록 합니다. 한 쪽당 한 권의 책을 다룰 경우엔 여섯 권의 책을, 그렇지 않고 두 쪽당 한 권의 책을 다룰 경우엔 세 권의 책을 선택하면 됩니다. 그리고 기본책의 맨 앞쪽과 뒤쪽은 광고지에다 붙여야 하므로 내용을 쓰지 말고 비워두도록 하세요. 아이들이 서평을 쓰는 데 도움이 되도록 전체 구성을 어떻게 짜는 것이 좋은지 기본적인 틀을 가르쳐주세요. 예를 들어 첫 시작은 책 내용 중에서 가장 좋은 대목을 인용한다, 그런 다음엔 평론가의 서평에서 한 대목을 인용한다, 그리고 나선 책의 줄거리를 요약함으로써 끝낸다… 하는 식으로 말입니다. 광고지의 빈 공간에는 작가 약력을 포함해 책을 홍보하는 내용으로 채웁니다.

헬리아(11세)는 광고 문구가 금방 눈에 띄도록 밝은 색깔로 칠했습니다.

이렇게 만들어보세요

1 A3(42×29.7cm) 크기의 종이를 준비해 4등분으로 접었다가 다시 펼치세요.

2 종이를 세로로 반 접으세요. 그런 다음 그림과 같이 안쪽으로는 6cm 들어가게, 또 밑에서부터는 10cm 간격을 띄운 채로 가위집을 내고 이 부분을 접었다가 펼치세요.

3 2에서 접었던 부분을 다시 반으로 접었다가 펼치세요.

4 종이를 가로로 반 접어 내린 후, 팝업 부분을 앞으로 빼내 지그재그로 접으세요.

5 이번엔 A4 크기의 종이를 준비해서 '기본책'을 접으세요(이 책의 11쪽 참조).

6 기본책에 풀칠을 해서 광고지의 팝업 부분에 붙이세요. 지그재그의 가운뎃부분에 잘 끼워맞추세요.

옮긴이의 말

새롭게 되찾은 '만드는 책'의 즐거움

이 책은 우리에게 너무나 자연스러운, 그래서 생각의 저 너머에 아무렇게나 던져두었던 질문 하나를 새삼 끄집어내준다.
'책이란 과연 무엇인가?'
우리는 책을 펼쳐 드는 순간 정성스레 만찬을 준비하고 기쁜 얼굴로 기다리고 있는 수많은 아이디어들을 만나게 된다. 그들은 때로 부드러운 목소리로 옛날이야기를 들려주는가 하면 때론 무서운 선생님으로 변해 컴퓨터나 영어를 가르쳐주기도 한다. 매혹적인 마법사가 되어 환상의 세계로 데리고 갈 때도 있다. 그러다가 점점 페이지 수가 줄어들고 마지막으로 '탁' 하고 뒷표지를 덮을 즈음이 되면 우리를 다시 현실의 자리로 되돌려놓는다. 하지만 그때 우리의 손에는 뜻밖에도 값진 선물이 들려 있곤 한다. 재미와 감동과 지식이란 이름의 선물이….

아이들에게 책을 읽어주거나 책을 통해 뭔가 가르치려 하는 것도 바로 이러한 재미와 감동과 지식을 전달하기 위해서다. 그런데 한번 곰곰이 되짚어볼 일이다. 왜 우리는 이미 만들어진 책을 읽는 데에만 익숙한 걸까? 내 손으로 직접 책을 만들어볼 생각은 못하는 걸까? 평생 남편과 여섯 아이를 키우는 일에 삶의 전부를 걸고 살아온 나의 늙으신 어머니는 늘 푸념하듯 말씀하셨다. "내가 살았던 인생을 책으로 쓰면 열두 권도 모자랄 거야." 하지만 그 말을 했던 어머니도, 또 그 말을 들었던 나도 결코 어머니가 책을 쓰리라고는 손톱만큼도 상상하지 않았다. 어머니의 가슴속엔 열두 권이 넘는 책이 들어 있었는데도.

그렇다면 우리 아이들은 어떨까. 학교에 들어가자마자, 혹은 그보다 훨씬 일찍부터 아이들에게 책을 마구 떠안긴다. 요즘엔 태교 동화까지 나오고 있으니 이 세상에 태어나기 전부터라고 해야 옳을 듯싶다. 책의 내용과 꾸밈새도 옛날과 비교할 수 없을 정도로 다양하고 고급스러워졌다. 그런 책들을 읽으면서 상상력을 키우고 지식을 배우고 여러 가지 경험을 쌓는다. 책은 수많은 가르침의 원천이 된다.

그럼에도 여전히 우리 아이들은 옛날 나의 어머니가 그랬던 것처럼 책을 읽기만 하지 책을 만들지는 않는다. 아니, 책을 만들어볼 꿈조차 꾸지 못한다. 책에서 얻은 수많은 지식과 찡한 감동과 기발한 상상은 책이 아닌 다른 것으로 표현될 뿐이다. 글은 종이 위의 문자로, 그림은 스케치북 위의 모양으로, 아이디어는 줄친 공책 위의 과제물로 각각 흩어

진다. 글과 그림과 아이디어가 한데 어우러져 있는 책을 통해 배워놓고도 왜 책을 통해 하나로 표현하려고 하지 않을까? 왜 어른들은 그렇게 할 수 있다는 사실을 가르치지 않을까?

폴 존슨은 『메이킹북-한 장의 종이로 만드는 팝업북 31가지』에서 우리의 고정관념을 완전히 뒤엎어버린다. 책이란 글솜씨 좋은 작가나 그림 재주 뛰어난 화가들만 멋지게 차려놓는 고급 잔칫상이 아니라 누구든 생각의 요리사가 되어 책이라는 음식을 만들 수 있다고 알려준다. 물론 작가나 화가가 만든 것에 비해 소박하고 볼품없을지는 몰라도 내 손으로 책을 만들어냈을 때의 기쁨이 얼마나 크고 소중한지를 체험하게 해준다. 그것도 단 한 장의 종이를 자르고 오리고 접는 행위만으로.

"내 손으로 나만의 책을 만들었다는 성취감과 주인 의식은 정말이지 놀라울 정도였습니다. 아이들은 너나없이 '언제 내가 만든 책을 집에 가져갈 수 있나요?'라고 계속 물어왔습니다. 부모님들도 비슷한 요구를 하셨지요. 그저 연습용으로 만들었던 책에 대해 이런 반응이 나올 줄이야 누가 상상이나 했겠습니까?" (머리말 중에서)

'읽는 책'에 길들여지는 동안 우리도 모르게 빼앗겨버렸던 '만드는 책'의 즐거움을 새롭게 되찾아준 것이다. 또한 책을 통해 아이들에게 지식을 전달하고 기쁨을 주고자 하는 어른들한테는 전혀 생소한(지금껏 경험해보지 못했으므로), 그러나 아주 효과적인 교육 방법을 제공한다.

본 것은 기억하지만 직접 해보면 배운다

책을 읽는 것과 책을 만드는 것은 서로 다른 정신 활동을 필요로 한다. 책을 읽을 때는 지은이의 생각을 정확히 파악하고 내 것으로 재해석해서 받아들이면 된다. 그에 비해 책을 쓸 때는 훨씬 차원 높은 지적 작업이 요구된다.

우선, 책에 어떤 내용을 담을지 아이디어를 짜내고 그것과 관련된 여러 가지 정보를 수집해야 한다. 그런 다음엔 자신의 아이디어와 자료들을 어떻게 구성해서 배치할지 논리적으로 정리하지 않으면 안 된다. 이렇게 해서 책의 기본 뼈대가 세워지면 글씨를 쓰고 그림을 그려넣어 한 권의 책으로 엮어내기에 이른다. 책만들기 과정은 그야말로 무(無)에서 유(有)를 창조해내는 예술적인 체험이다.

폴 존슨은 이러한 예술 체험으로서의 책만들기 세계 속으로 우리를 초대한다. 그리고 어떻게 그 세계의 아름다움을 맛볼 수 있는지 친절하게 가르쳐준다. 6년여 동안 자신이 직접 영국 아이들과 함께했던 생생한 경험을 바탕으로 말이다. 예를 들어 '아코디언 모양의 극장책'(58~59쪽)을 살펴보자.
이 극장책은 두 명씩 모둠을 짜서 환경 문제를 주제로 책만들기 활동을 하는 것이다. 작업 순서는 이렇다.

1. 여러 가지 환경 문제(멸종될 위기에 놓인 동물이나 식물, 점점 심각해지는 식량난, 대기오염, 수질오염 등)에 관한 신문(잡지) 기사를 읽는다. 이때 아이들이 실제 사건과 그에 관한 논평이 어떻게 다른지 구분해보게 한다.
2. 그린피스 같은 환경보호단체에 대해서도 자료를 수집하고 의견을 나눈다.
3. 환경보호단체에서 일하는 사람들에 관해 즉흥적으로 이야기를 꾸며본다.
4. 책의 기본 구성이 끝나면 한 아이는 배경을 그리고, 한 아이는 구체적인 장면을 디자인한다.
5. 다 꾸며진 배경과 장면을 극장 무대에 붙이고 글을 써서 완성시킨다.

한 권의 책을 처음부터 끝까지 스스로 기획하고 구성하여 글과 그림으로 완성시켜 나가면서 아이들은 과연 어떤 생각을 했을까? 이 대목에서 책만들기 활동이 이야기구성력이나 미술표현력, 글쓰기 솜씨가 향상된다는 사실을 강조하고 싶지 않다. 왜냐하면 아이들은 그보다 더 소중한 보물을 아주 자연스럽게 얻기 때문이다. 바로 세상을 폭넓은 시각으로 바라보고 사랑할 줄 아는 힘이다. 멸종되어가는 동물과 그것을 보호하기 위해 애쓰는 사람들에 대해 기사를 읽고 나름대로 생각하여 글과 그림으로 표현하는 동안 아이들은 많은 것을 배우고 느끼게 된다. "사람들은 들은 것은 쉽게 잊지만, 본 것은 기억하고, 직접 해보면 배우게 된다"는 격언이 책만들기를 통해 그대로 실현되는 것이다.

한국의 아이들도 책만들기 활동을 좋아할까?

폴 존슨의 『메이킹북』을 찾아내 번역하면서 한 가지 궁금증이 생겨났다. 영국의 교육 환경과는 사뭇 다른 우리나라의 교육 환경에서도 아이들이 책만들기 활동에 재미있게 빠져들 수 있을까? 내 손으로 만든 나만의 책이라는 이유만으로 '언제 나의 책을 가져갈 수 있느냐'는 열광적인 반응을 보일 것인가?
이 궁금증을 실제로 풀어보기 위해 주위의 일선 교사들에게 도움을 청했다. 학교 교실에서, 그리고 그룹과 개인 지도에서 우리 아이들은 책만들기 활동을 어떻게 받아들일지 직접 실험해본 것이다. 8개월여에 걸친 실험 기간 내내 매번 놀라운 장면에 맞닥뜨리곤 했다. 폴 존슨이 영국에서 겪었던 것처럼, 울상을 지은 채 자기가 만든 책을 가져가겠다고 조르는 아이들을 달래고 위로해주어야 했다.

게다가 더욱 놀라웠던 사실은 2시간 혹은 3시간씩 이어지는 장시간의 활동에도 불구하고 아이들은 힘든 내색 없이 작품만들기에 푹 빠져들었다. 뭔가에 집중할 수 있는 시간이 10~20분밖에 되지 않는다는 일곱 살짜리 유치원생들도 초등학교 4, 5학년 형이나 언니들 못지않게 놀라운 집중력을 보여주었다. 오히려 나이가 어릴수록 그림이나 글쓰기 표현력과 상상력이 월등히 뛰어났다. 완성도에 있어선 다소 미흡할지 모르지만 그 미흡함을 뛰어넘는 창의성으로 어른들을 놀래켰다. 글쓰기를 싫어했던 초등학교 2학년 남자 어린이는 3개월 후 귀신이야기를 팝업북으로 만들면서 선생님이 제공하는 한 장짜리 종이로는 부족하다며 세 장에 걸쳐 근사한 이야기를 꾸몄다.

실험 기간을 거치면서 책 출간은 8개월 뒤로 미뤄질 수밖에 없었다. 그러나 책만들기 활동의 효과를 눈으로 확인할 수 있어 너무나 만족스러웠다. 좀더 풍부한 실험 결과가 쌓여야겠지만 분명하게 확신할 수 있는 것은 우리 아이들이 책만들기를 즐거워하고 행복해한다는 사실이다. 딱딱하고 지겨운 책이 아니라 기쁨과 재미를 느낄 수 있는 책, 그래서 책을 더 좋아하고 가까이하게 된다면 그 자체만으로도 충분히 소중하고 값진 활동이라고 믿는다. 아이들을 가르치는 교사들뿐만 아니라 아이들을 키우는 부모들에게 꼭 이 책에 실린 방법대로가 아니라도 어떤 방식으로든 아이와 함께 책을 만들어보길 권하고 싶다.

김현숙('책만들며 크는 학교' 연구원)

이제 이 책에 숨어 있는 재미와 즐거움을 발견하고 책만들기 활동의 효과를 직접 맛보는 것은 온전히 독자 여러분의 몫입니다. 이 책은 결코 여러분을 가만히 앉아 있도록 놔두지 않을 것입니다. 머리와 눈과 입, 그리고 손을 함께 움직여 한 장의 종이가 한 권의 책으로 재탄생하는 과정을 체험하게 해줍니다. 그 과정에서 혹시 어려움을 느끼거나 궁금증이 생기신 분은 '책만들며 크는 학교'로 연락주십시오.

Tel 02-338-7813
e-mail makingbook@nate.com
인터넷 사이트 www.makingbook.info

책만들기를 끝내고 나서

-------------- 접는 선
─────────── 자르는 선

	책만들기를 끝내고 나서 제목: 지은이:
	책을 만들면서 가장 어려웠던 점은?
	책을 만들면서 가장 쉬웠던 점은?
	앞으로 만들고 싶은 책이 어떤 책인가?
	책을 만들면서 가장 좋았던 점은?
	앞으로 만들 때 들은 책을 친구들에게 소개한다고 생각하는 점은?
	책을 만들면서 가장 좋았던 점은?

책만들기를 끝내고 나서

팝업 상자책

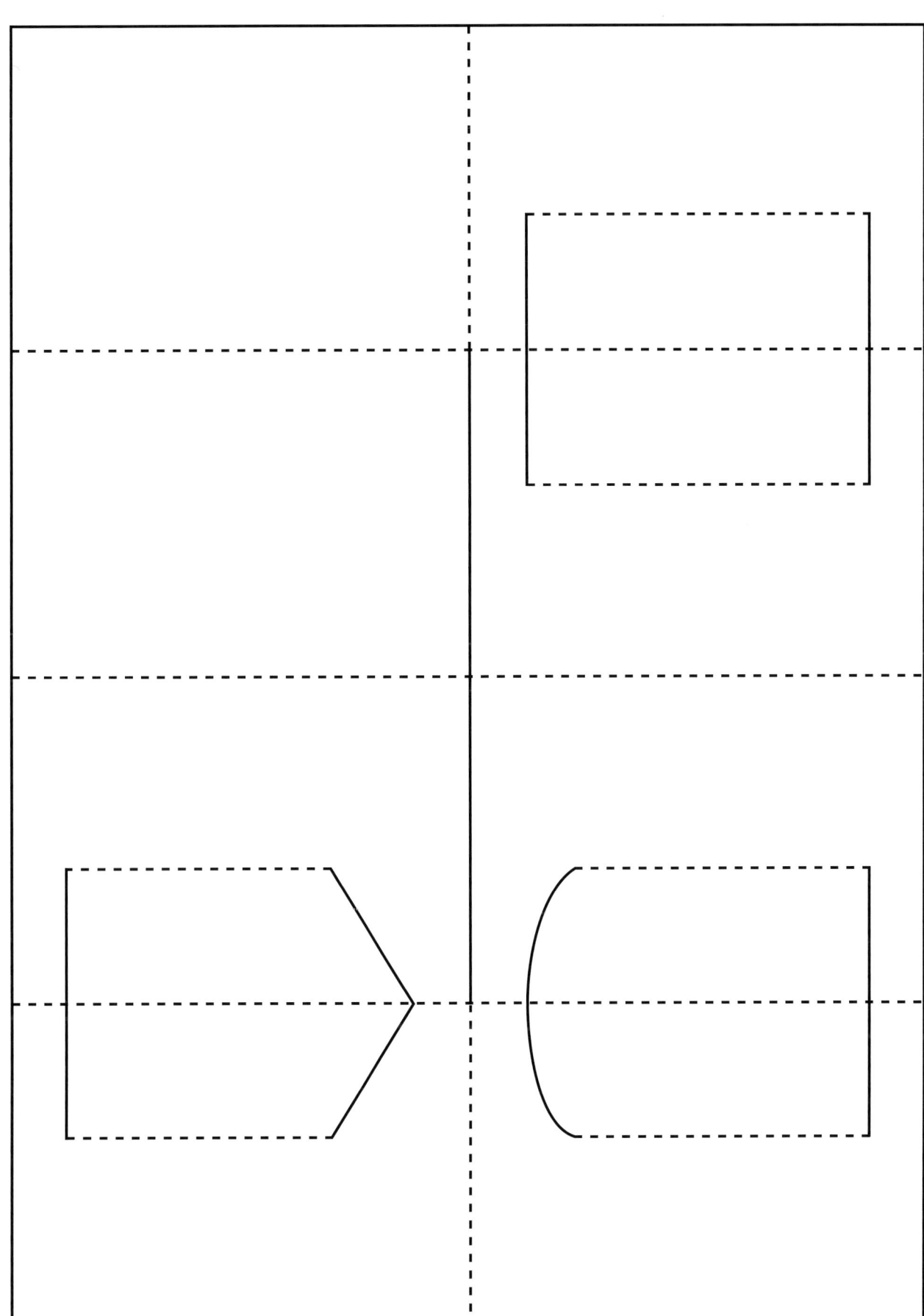

팝업 얼굴책

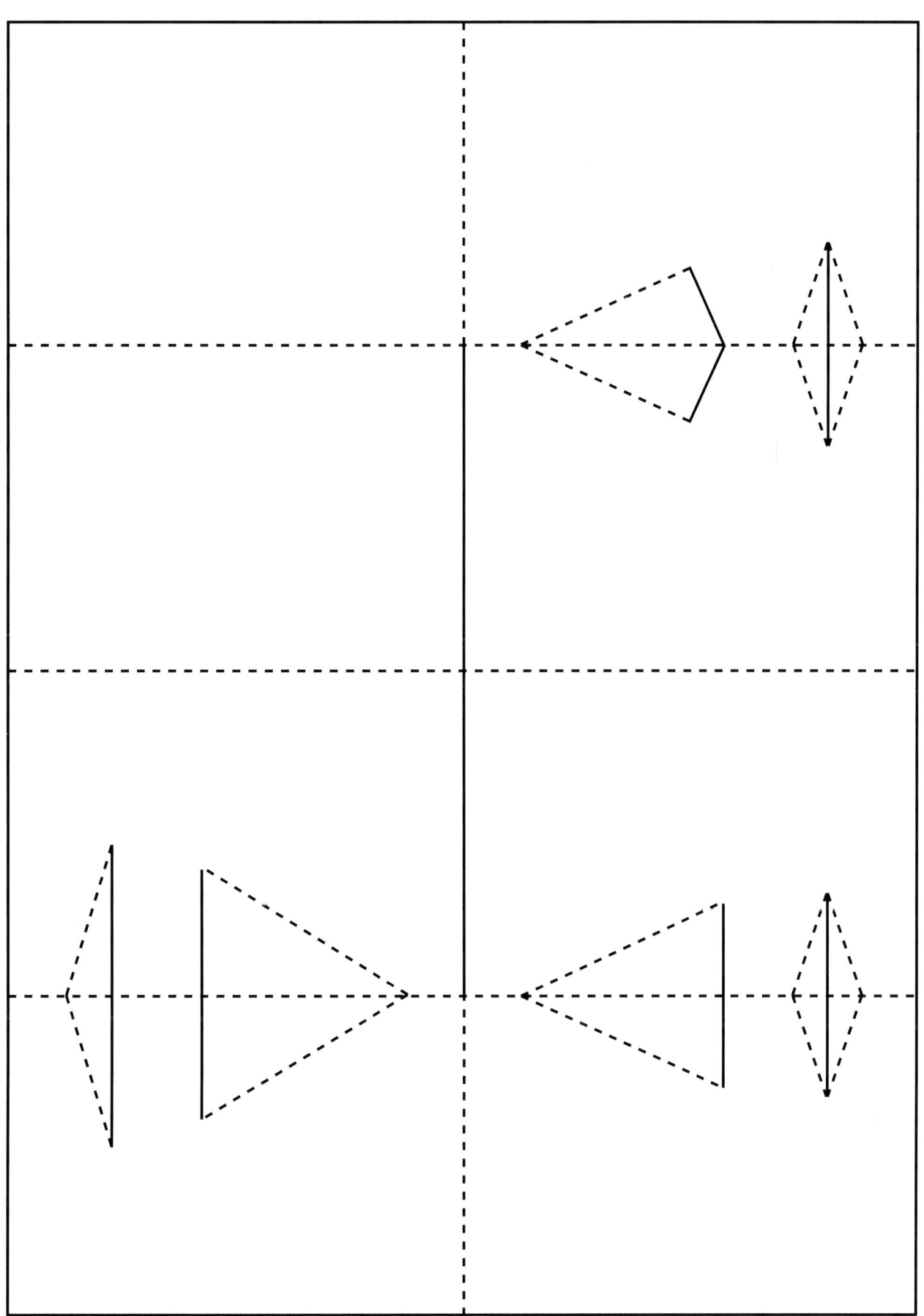

팝업 무대책

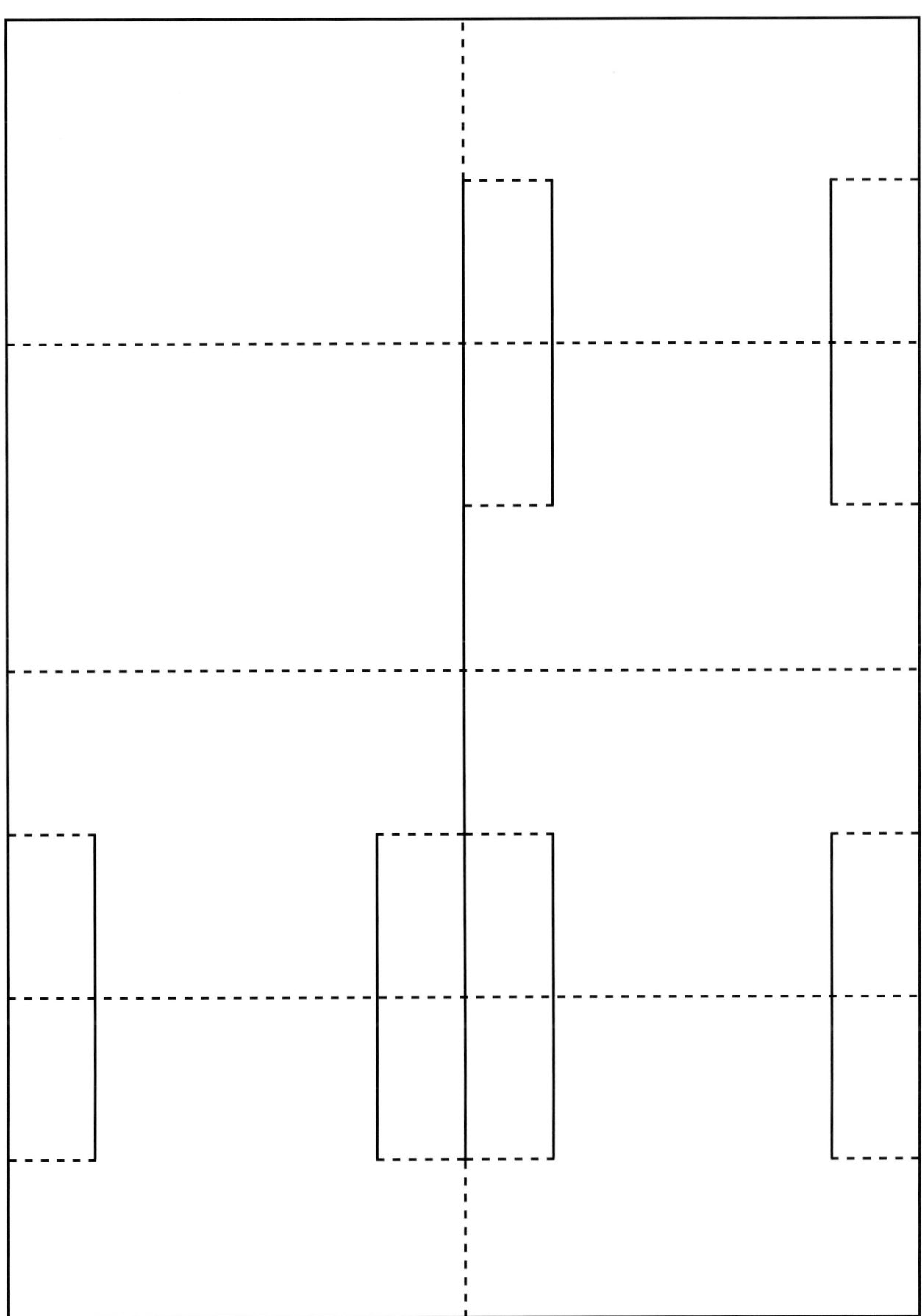

책만들며 크는 학교 시리즈

이 시리즈에는 책만들기 활동과 관련된 전문가들의 효과적인 교육방법들이 제시되어 있습니다.
팝업책을 비롯하여 200여 가지의 다양한 책을 만드는 방법부터 아이들과의 책만들기 수업 사례,
그리고 수업을 이끌어갈 수 있는 실질적인 활용법 등을 담아 놓았습니다.

1. 메이킹북
한 장의 종이로 만드는 팝업북 31가지
폴 존슨 지음 | 김현숙 옮김 | 값 12,000원

'읽는 책'에서 '만드는 책'으로의 놀라운 혁명!
어린이들이 책만들기 활동을 통해 창의력, 표현력을 높이는 방법을 담고 있다.

7. 스스로 만드는 책
돈나 구트리 외 지음 | 김현우 옮김 | 값 9,500원

성공적인 작가로 만들어주는 간단한 안내서
스스로 글을 쓰고, 그림을 그리고, 출판하기까지의 과정이 쉽게 설명되어 있다.

2. 나의 가족과 친구들
폴 존슨 지음 | 김진 옮김 | 값 15,000원

아이들의 일상생활을 멋지게 변화시키는 다양한 팝업책과 카드!
이 책은 영국의 교육과정에서 '읽기, 쓰기 향상을 위한 방법'으로 만들어진 시리즈의 첫 번째 권이다.

8. 이야기 쓰는 법
샐리 오저스 지음 | 김현아 옮김 | 값 12,000원

성공적인 글쓰기로 이끌어주는 아주 특별한 방법
어린이들의 행복한 글쓰기를 위해 공포스러운 백지 증후군에서 벗어나는 방법, 이야기를 계획하는 방법 등 다양한 전략이 제시되어 있다.

3. 페스티벌
폴 존슨 지음 | 김명옥 옮김 | 값 15,000원

세계의 문화를 이해하는 첫걸음이 되는 책!
이 책은 강림절, 부활절, 유대 신년제, 부처님 오신 날 등 세계 6대 종교 축제를 주제로 한 내용을 담았다. 아이들이 세계 문화를 이해하는 데 도움을 준다.

9. 세계의 신화와 전설 1
폴 존슨 지음 | 성양환 옮김 | 값 12,000원

아이들의 손으로 다시 만들어지는 세계의 신화!
여러가지 모양의 팝업책과 입체 모형에 담아보면서 세계 각국의 신화를 체험할 수 있다.

4. 세계의 옛이야기
폴 존슨 지음 | 나유진 옮김 | 값 22,000원

아이들에게 상상력과 지혜를 전하는 옛이야기!
이 책은 옛이야기 21편을 선별하여, 그것을 바탕으로 다양한 활동을 하고 이야기 속에 담긴 교훈과 지혜, 그리고 다양한 글쓰기 방법을 터득하게 해준다.

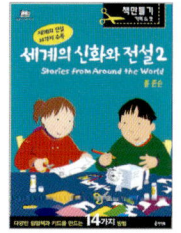
10. 세계의 신화와 전설 2
폴 존슨 지음 | 성양환 옮김 | 값 12,000원

아이들의 손으로 다시 만들어지는 세계의 전설!
여러가지 모양의 팝업책과 입체 모형에 담아보면서 세계 각국의 전설을 체험할 수 있다.

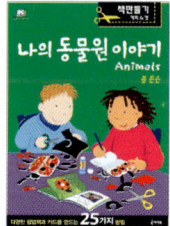
5. 나의 동물원 이야기
폴 존슨 지음 | 나유진 옮김 | 값 15,000원

자연과 동물에 관한 정보와 지식을 얻는 프로젝트!
우리 주변에서 흔히 볼 수 있는 동식물들을 관찰하고 자료를 찾아가며 자신이 조사한 내용을 글로 정리할 수 있다.

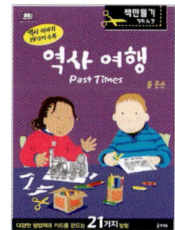
11. 역사여행
폴 존슨 지음 | 성양환 옮김 | 값 15,000원

역사 속의 인물과 사건을 만나게 해주는 프로젝트!
역사 속의 인물이나 사건, 발명품, 건축물 등이 역사가 된다는 것을 알고 다양한 형태의 팝업책에 담아보게 한다.

6. 북아트를 통한 글쓰기
폴 존슨 지음 | 김현아 옮김 | 값 15,000원

읽고 쓰기 향상을 위한 책만들기 교육 방법론
책만들기 활동을 통한 어린이들의 글쓰기와 시각적 커뮤니케이션 능력을 개발하는 통합적인 방법을 소개하고 있다.

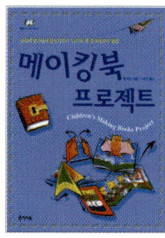
12. 메이킹북 프로젝트
폴 존슨 지음 | 나유진 옮김 | 값 18,000원

상상력 열기에서 글쓰기까지 '나만의 책'을 완성하는 방법!
한 권의 책을 만드는 과정 중에 꼭 필요한 상상력 열기와 계획하기에 대한 아이디어를 제시하고 있다.

13~16. 그리기로 시작하는 처음 글쓰기 | (워크북 전 4권)
에반 - 무어사 기획 | 어린이북아트연구소 엮음 | 64쪽 내외 | 각권 값 6,000원 | 전 4권 세트 값 24,000원 | 6세부터 - 초등 저학년

글쓰기를 처음 시작하는 아이들을 위한 특별한 방법!
그리기를 통해 아이들에게 사물을 정확하게 관찰하고 사고할 수 있는 힘을 키워주며, 이것을 자연스럽게 글쓰기로 이어가도록 해준다.

17. '나만의 책' - 글&그림 완성하기
폴 존슨 지음 | 김현아 옮김 | 값 15,000원

이야기와 글, 그림을 완성하도록 이끌어주는 방법
어린이들이 책의 형태를 만들기에서 한 걸음 더 나아가 어떻게 책 속에 자신의 생각을 쫓아 이야기와 글과 그림으로 표현해가는지를 제시하고 있다.

18. 유아언어교육과 책만들기
전혜실 지음 | 값 17,000원

100여 권의 유아작품으로 만나는 책만들기 활동 지침서
유치원 교육과정에 맞추어 활용할 수 있는 책만들기 활동 사례. 만 3-5세 연령별 단계에 맞는 준비과정부터 실제 방법까지 담겨 있다.

19. 메이킹 팝업북
폴 존슨 지음 | 김현우 옮김 | 값 20,000원

한 장의 종이에 디자인・언어・미술을 담는다
이 책의 원제 '팝업 페이퍼 엔지니어(Pop-up Paper Engineering)'처럼 <메이킹북>에서 한 단계 높아진, '다양한 팝업책 만들기' 방법을 제시하고 있다.

20. 메이킹북 - 교실 안 책만들기 활동의 실제
권성자 지음 | 값 22,000원

메이킹북교육 응용, 확장까지 이끌어주는 방법
형태에서 내용까지 원리를 알고, 응용하고 확장하도록 정리된 지침서. 원격연수의 교재로 온라인교육과 함께 활용할 수 있도록 꾸며졌다.

21. 겟라이팅 1
스토리북을 만드는 방법 25가지
폴 존슨 지음 | 김현아 옮김 | 값 15,000원

'책만들기'에서 '책쓰기'로의 발전을 도와주는 폴 존슨의 새로운 책!
상상력과 창의력을 샘솟게 하는 75가지 주제를 가지고 책 안에 글을 쓰도록 아이디어를 주고 있다.

22. 겟라이팅 2
스토리북을 만드는 방법 25가지
폴 존슨 지음 | 김현아 옮김 | 값 15,000원

'책만들기'에서 '책쓰기'로의 발전을 도와주는 폴 존슨의 새로운 책!
상상력과 창의력을 샘솟게 하는 75가지 주제를 가지고 책 안에 글을 쓰도록 아이디어를 주고 있다.

23. 팝업 페이퍼 프로젝트
폴 존슨 글·그림 | 나유진*김선경 옮김 | 값 24,000원

4단계로 배우는 팝업의 모든 것
4단계로 이루어져 200여 가지의 팝업을 누구나 만들 수 있게 한다.

책만들자 뚝딱! 시리즈

한국의 옛이야기
권성자*김지영 지음 | 값 25,000원

전래동화&다양한 팝업책을 만드는 24가지 방법
전래동화 24편을 읽고, 자신의 생각을 책 안에 담아보게 하고 있다.(활용모형북/교육CD 별도)

세계의 위인이야기
권성자*김지영 지음 | 값 25,000원

위인이야기&다양한 팝업책을 만드는 24가지 방법
위인이야기 24편을 읽고, 다양한 생각을 표현하고 더불어 위인들과 관련된 직업도 탐색하게 했다.
(활용모형북/교육CD 별도)

세계 이야기여행
권성자*김지영 지음 | 값 25,000원

세계 전래동화&다양한 팝업책을 만드는 24가지 방법
세계 전래동화 24편을 읽고, 자신의 생각을 책 안에 담아보게 하고 있다.(활용모형북/교육CD 별도)